「自閉症」の子どもたちと考えてきたこと

Sato Mikio
佐藤幹夫

洋泉社

はじめに

　本書は九回に及ぶ「特別講義」というかたちをとっていますが、叙述のスタイルがこのように決まるまでには紆余曲折がありました。

『ハンディキャップ論』を上梓した後、その続編を書かなければ、という思いを強くもっていました。しかしどうすれば違和感なく書き進めることができるか、なかなか立ち位置を決めることができませんでした。立ち位置、つまりはどう視点を定めるか、ということです。

　本書の内容をひと言で言うならば、「自閉症」と呼ばれる子どもたちとの〝かかわり〟を記述したものですが、私は大学に籍を置く研究者ではありません。ましてや医療者でもありません。現場で、毎日毎日、子どもたちを追いかけたり、どうやって一緒に遊ぼうかと、ない頭をひねってきた人間です。教師としては失格なのかもしれませんが、彼らをことさら〝指導〟しようという気持ちよりも、どうしたらよりよい〝かかわり〟をつくることができるか、そのことを自分に課してきた人間です。

「教育」という営みは、通常「教える」存在と「学ぶ」存在による非対称的な関係ですが、むしろその非対称性をどうすれば緩やかにすることができるか、それが最大の目標だったと言い換えてもよいものです。ですから上からの視座を取り、指導されるべき〝対象〟として子どもたちを記述していくというスタイルは、どうしても取ることができませんでした。ではどのような視点に立てば、自分の気持ちにフィットしたものとなるのか。それが定まるまでに要した時間が、『ハンディキャップ論』を上梓した以降の、五年に及ぶ歳月だったということになります。

ここでは、保育や福祉の現場に間もなく入っていこうとする若い人たちが聞き手、というスタイルになっています。このスタイルならば書けるかもしれないと考えたのには、あるきっかけがありました。青山女子短期大学で教鞭をとられている、児童文学者・翻訳家の清水眞砂子さんよりお招きを受け、三年間ほど特別講師として、年に二回から三回、お話しする機会をいただきました。それが本書の出発点になっています。第三章までの内容がそのときの中心となっていますが、もちろん講義そのままではありません。話はもっと生煮えで、断片的だったはずです。しかし、私がそのときに心がけたことが二つありました。

一つは、理屈めいたことを話すにしても、具体例を取り入れながら分かりやすい話をしたいということです。独特の教育業界用語は使わないこと（私は、あれがどうしても肌に合いませんでした）。それから思想の硬い言葉も避け、できるだけ日常の、普通の言葉で話し切ってみたいということでした。

もう一つは、子どもたちとの〝かかわり〟の実際は、決して楽なものでも、簡単にうまくいくものでもないのですが、現場時代の私自身の〝ノリ〟といったらいいでしょうか、頭を抱えながらも楽しんでいる雰囲気のようなものを、少しでも伝えることはできないか、と考えたのでした。

取り上げられているのは言葉のない子どもたちがほとんどですし、一筋縄ではいかない〝つわもの〟ぞろいではあるのですが、できるだけ明るく、楽しく語ってみたい、と考えたのです。聞き手の学生さんたちには、これから現場でぜひとも頑張っていただかなくてはなりません。大変だけども面白そうだな、と受け取ってもらうことが、私の最大の願いでした。

講義終了後、毎回感想をいただいたのですが、それを拝見しながら、ここはもう少し丁寧に説明する必要がある、ここでは具体例を入れたほうがいいと、いろいろと参考になる意見をいただきました。

しかしまた、「自閉症については講義を受けてきて一般的な知識はあったけれども、今までの授業ではまったく聞いたことのない話だった」、「自閉症の子どもたちを友達のように話すのが印象的だった」、「自閉症に対する考え方が一変した。とても身近な存在になった」といううれしい感想をいただき、むしろ私のほうが大いに励まされました。

学生たちを前にした、このときのことを思い起こし、そこで心がけたことをもしうまく文章に取り入れることができるならば、私なりの考えをかたちにできるかもしれない。そんなふうに構想を練るようになっていきました。

それがこのようなスタイルに至った経緯です。

＊

『ハンディキャップ論』が、教師時代の前半十年の総まとめだったとすれば、本書は主として後半の十年を振り返っています。

「自閉症」とはなにか、どう考えたらよいのか、という問題から始まり、彼らの特徴を取り上げ、どんな世界を生きているのか、どんな体験として受けとめているのか、どう私が考え、かかわってきたのか、ということが、本書には具体例を通して書かれています。まだまだ不十分なものであることは承知しています。しかしくり返しますが、ここで目指したのは、「自閉症」の子どもたちを教育や治療の対象として観察的に描くのではなく、彼らとともに、生きて、互いに喜んだり怒ったりしながらかかわっていることそのものを記述したい、ということでした。

そして、その〝かかわり〟が最終的にどこに向けられているかと言えば、「自閉症のA君」ではなく、「ただのA君」です。それは支援的な療育や介護、ケアといった〝かかわり〟が、本来着地すべき場所です。本書では「彼らとの連続性（つながり）」という考え方が強調されていますが、この理由ゆえです。

もし本書の最大の特徴は何かと問われたら、彼らとの〝かかわり〟をどうつくるか、という現場での試行錯誤に徹底してこだわったこと。精神医学や発達心理学、哲学・思想など、信頼する先行者の知見を私なりに咀嚼しながら、実践とどう結び、どうまとめ直していくか、その作業を通して、「自閉症」と呼ばれる子どもたちに対する理解の〝一歩〟を踏み出そうとしたこと。それが本書において試みられていることであり、特徴というならば言えるかもしれません。

最後にタイトルについてひと言述べておきましょう。本書のタイトルは『「自閉症」の子どもたちと考えてきたこと』となっており、『「自閉症」の子どもたちについて考えてきたこと』ではありません。当然、彼らと議論をしたり、直接、問いかけてみたりしたわけではありません。それでもなぜ『「自閉症」の子どもたちと考えてきたこと』としたのか。

そこにはある理由があります。『ハンディキャップ論』以降、「障害」をテーマとしてきた仕事のすべてに通じる、私のもっとも基本的なモチーフがこのタイトルを選ばせています。しかし、ここではその説明は控えましょう。最後までお読みいただいた後、「なるほどそういうことだったのか」と腑に落ちていただけるならば、ひとまずは本書での目的は果たされたことになります。もちろんそうした書き手の思惑など無視して、自由にお読みいただいてもかまいません。そちらのほうが本道でしょう。忌憚のない批判、ご教示をお待ちします。

なお本書には、一〇名ほどの子どもたちに登場していただいていますが、いずれもアレンジしており、その背後には五〇名ほどの、私が出会った「自閉症」と呼ばれる子どもたちがいることをお断りしておきます。

「自閉症」の子どもたちと考えてきたこと＊目次

「自閉症」の子どもたちと考えてきたこと

第一章

「障害」をどう考えるか

「障害」とはなんだろうか

こんにちは。佐藤です。

これから皆さんに、「障害」とは何かということについて、とくに「自閉症」と呼ばれる子どもたちと接しながら考えてきたことを中心としてお話をする、という機会をいただきました。ここにおられるほとんどの方が、一、二年の後には、保育や福祉の現場に立つことになるとお聞きしています。およばずながら、そのとき少しでもお役に立てるような話をしてみたい。そう考えてやって参りました。

私は二六歳のときに養護学校（いまは特別支援学校といいます）の教員になり、それから二十一年間、「知的障害」とか「自閉症」と呼ばれる子どもたちと接してきました。小学部の子どもたちと十一年、中学部の子どもたちとは十年にわたってかかわってきたことになります。今日から何回か、その間、考えてきたことをお話しすることになるわけですが、ところどころで理屈っぽい内容になるかと思います。できるだけ具体例を交えながら分かりやすく話したいと考えていますので、疑問な点やよく分からないところがありましたら遠慮なく質問してください。

さて、いきなりですけれどもちょっと質問をしてみたいと思います。

「障害者」とは、どんな人たちのことを言うのでしょうか。……

「障害」をもつ人のことを「障害者」というわけですが、では「障害」ってなんだろう。

歩けない、話せない、見えない、聞こえない、言葉がうまく理解できない、コミュニケーションができない、……こんなところでよろしいですか。

そうすると、歩けない、話せない、見えない、聞こえない、言葉がうまく理解できない、コミュニケーションができない、こういった人たちを、私たちは「障害者」と呼んでいるということになる。いいでしょうか。間違いがありませんか。

はい。ではもう一度お聞きしますが、赤ちゃんはなぜ「障害者」とは呼ばれないのでしょう。赤ちゃんも、歩けないし、話せないし、言葉も理解できません。ひょっとしたら私たちと同じようには見えていないかもしれないし、同じようには聞こえていないかもしれない。それから衣服も自分では着ることができないし、食事もできない。言ってみれば、いわゆる全介助です。

でも赤ちゃんを「障害者」とは言いませんね。これはどうしてなんでしょう。

あるいはお年寄りはどうですか。七〇歳を過ぎ、八〇歳を過ぎていくにつれ、耳が遠くなったり、よく見えなくなったり、記憶力も悪くなったり、歩くとか動くといったことに対しても不自由を抱え込んでいきます。でも、お年寄りをことさら「障害者」だとは言いませんね。どうでしょう。聞いたことがありますか。

歩けない、話せない、見えない、聞こえない、言葉がうまく理解できない、コミュニケーションができない、という同じ不自由を抱えながら、一方の人たちは「障害者」と呼ばれ、もう一方の人たちはそうは呼ばれない。

ということは、何かが「障害者である／障害者でない」と分けていることになりますね。何が分けているのでしょうか。その分けているものは、いったい何でしょうか。

まず言えることは、いま見たように、歩けない、話せない、見えない、といった心身の不自由だけではなく、もっと別の何かだということになりますね。それは何でしょうか。

教師になって以来、私にはこのことがずっと不思議でした。「障害」だとか「障害者」だとか、何の疑いもなく私たちは使っているけれども、そこにはどんな根拠があるのだろうか。障害者で「ある／ない」を分けている何かがあるらしいのだけれども、それは何だろうか。そういう問いをずっともってきました。

それに対する自分なりの答えが、『ハンディキャップ論』という本に書いてあります。そしてこれから自閉症の子どもたちについてお話ししながら、その第二部といいますか、少しでも考えを先に進めてみたいと思っています。

引きこもり状態からの出発

いま、「障害とは何か、と教員になって以来ずっと考えてきた」などと、ついエラそうなことを言ってしまいました。正直に言って、はじめから腹を据えて取り組んできたわけではありません。「腰かけ」というつもりはなかったのですが、ここが自分の場所だな、逃げちゃいけないな、という腹が決まるまでには数年を要しました。

少し回り道になりますが、自己紹介を兼ねて、このあたりのことからお話ししてみたいと思います。といってもこうした回想は多分に都合よく改作されていますので、いくらか割り引いてお聞きください。

一五、六歳の高校生のころから文学好きが嵩じていき、大学も国文科というところに入ります。教師になろうとか、古典を学んで学者になろうとか、はっきりとした目的があったわけではなく、文学部だったら好きな小説がたくさん読めるだろうという、たいへん安易で、不埒な考えでした。当然ながら授業にはほとんど出ない落ちこぼれ学生で、下宿にこもっては小説作品を手あたりしだい読んで過ごしていました。

文学には強い魔力があります。趣味としているうちは軽症で済みますが、深入りすればするほど、人間が〝非現実的〟になっていきます。転倒が起こるのですね。どう言ったらいいでしょうか。現実世界のあれこれはどうでもよくなっていき、自分の内面がもっともだいじだというような、逆立ちした世界を生きるようになります。「読む」だけでは物足りなくなって、「書く」世界に入り、深入りすればするほど、ますます自分の内的な世界に籠城していくわけです。

仕事は仕事として与えられたことをきちんとこなし、趣味は趣味として十分に楽しむ。普通ならばそんなふうに区別するのでしょうが、私の場合は、あまりに深入りしすぎていました。自分で生活費を稼ぎ、社会人として生きていくという、通常だったら当たり前の生き方ができるようになるまでに、他の人よりも時間を要することになったのです。それでもなんとか教員採用の枠に引っかかることができ、養護学校の教員として一歩踏み出すわけですが、職業人とか社会人というにはあまりにお粗末でした。

スタート地点に立つまでに必要だった時間

教師になって初めて子どもたちの前に立ったときの驚きは、『ハンディキャップ論』のなかにも書いているのでくり返しませんが、こちらがどんな状態であろうと毎日毎日いろいろなことが起き、それに対処していかなければなりません。これまで考えてもみなかったことばかりが、つぎからつぎへと起こっていきます。待ったなしです。ぼやぼやしていたら、事故や、場合によっては命にかかわる事態にさえなりかねません。

加えて、毎日毎日彼らと過ごすうちに、いろいろな問いが浮かんできます。——言葉が通じるとか通じないとか、いったいどういうことなのか。そもそも言葉とは何か。また、私たちはなぜ歩いたり、自由に身体を動かすことができるのか。これは当たり前だと思っていたけれども、むしろ「当たり前」のほうがすごいことなのではないか。「障害」とはいったい何なのだろうか。

当然、答えなんかは出てこない問いです。

さっき自分のことを逆立ちしていると言いましたが、二〇歳のころ、一生のあいだにこういう本を読みたい、これだけは読まなければならない、というリストをつくったことがあります。そしてお金が入ると古本屋に行き、少しずつ買い求めて、仕事に就くようになったころにはけっこうな量になっていました。

ところが子どもたちとの付き合いが深まり、答えの出ない問いが増えていくにつれ、その本が膨大な〝無駄の山〟のように見えてきたのです。本に囲まれ、自分のなかに大きな壁をつくり、現実のことをできるだけ遮断して生きようとしている自分と、毎日毎日子どもたちと接している自分とのギャップが、どんどん大きくなっていくのです。

大きくなっていくだけではなく、子どもたちにとっても私自身にとっても、何一つとして力にはならない。じゃあ本を読むとか、ものを書くという作業を止めてしまうことができるか。休みの日に趣味としてやればいいと割り切ることができるかといえば、それもできない。そんな状態がしばらくつづいていたのです。

今にして思えば、現実社会にしっかりと足を下ろして生きていくために、かなりハードなリハビリが必要だった、ということなんだろうと思います。有無を言わせず子どもたちの前に立たされたことで、二つの世界のギャップを埋める作業をしなければならなかった。そうやって少しずつ子どもたちと向き合う構えをつくっていった、という気がします。

このことが、本当に腹を据えるまでには数年を要したということの意味です。そのときには三〇歳が目前で、自分なりのスタートラインにつくまでにずいぶんと回り道をしてしまったことになります。

じつは同じ作業だった？

ここで、少し話が飛びます。いま、二つの世界のギャップの大きさという話をしましたが、最近、たいへんに面白い体験をしました。じつは、必ずしも回り道ではなかったのかもしれないということに、ここに来て気づかされたのです。

というのは、一昨年（〇六年）、村上春樹さんについての文芸批評の本を出しました。原稿を書きながら、既視感といいますか、漠然とではあるのですが、どこかでなんか身に覚えがあることをやっているなあ、と感じていました。文芸批評を書くのは久し振りだったので、そのせいなのだろうか、とも考えたりしたのですが、どうも違います。しばらくは分からなかったのですが、一稿目を書き終えようかというとき、はたと気がつきました。じつは、同じことをしていたんじゃないか、と思い当たったのです。

それは、こういうことです。

教員時代に接してきた子の多くは、言葉のない子どもたちです。言葉がないわけですから、こちらは、いろいろなことを手がかりとして、彼らがどんな状態なのか、何を感じているのか、あれこれと手探りしていきます。いわばセンサーを張りめぐらして、彼らが見せる行動、しぐさ、表情をキャッチし、スムーズに一日が過ごせるよう、「傾向と対策」を自分のなかに増やしていく。言葉では表現できない彼らの「こころ」を何とかして推測しようとする。毎日がそんな作業だったろうと思うのです。

喩え話になりますが、最初にキャッチするのは点です。点という手がかりです。その点が少しずつ増えていき、やがて点と点が結ばれ、線になります。その線を、ああでもない、こうでもないと組み合わせていると、あるかたちが浮かんできます。そこに現われたかたちがその子の「世界」だとすれば、どこまでしっかりと点をキャッチできるか、間違いの少ない線を結ぶことができるか、それがとてもだいじになるわけです。点の結び方や線の組み合わせを間違えると、なかなかかたちにはならないわけです。

子どもたちを理解するためのこうした作業というのは、小説作品の解読作業と同じだとまでは言いませんが、とても似ているのですね。一行一行を読み込み、キーワード、つまりは点を捜し出し、それを結び、線をつないで図形が浮かび上がってくるのを待つ、というのが作品を批評するための準備作業です。

とくに村上春樹という作家は、文章として書かれている以上の世界を表現しようとして苦闘してきた作家ですから、言葉がダブルミーニングといいますか、平易な表現のなかに、二重三重の世界が隠されています。その村上さんの作品に対して、点を探し、その点を結んで線にし、形を描いていく、という作業に没頭していたわけですが、これは子どもたちの行動やこころを理解しようとしてやってきた作業と、ほとんど同じじゃないか。そう思ったのです。

ということは、逆に言えばどうなるのでしょう。どんな読み解き方をすれば小説の作品世界に深く入っていくことができるか、と学生時代からくり返してきた訓練は、数年を経て、じつは子どもたちに応用していたのではないだろうか。自分でまったく気づかないうちに、言葉のない子どもたちを理解しようとして、作品の分析と似たような作業をしてきたのではないだろうか。そんなふうに考えたのです。

滝川一廣さんという精神科のお医者さんがいます。(*) 春樹論を間もなく書き上げようというときに、ちょうど滝川さんにお会いする機会があり、このことを訊ねてみました。「患者さんに面接し、症状を深く理解していく作業は、小説を読み解いていく作業と似ていませんか」と。「これはまた、どうしましたか」と聞かれたので、「じつは春樹論を書きながら、点から線、線から云々、こんなことを感じたのですけれども」とお話しすると、「そうかもしれませんね」と滝川さんも言われました。

滝川さんは大学の先生をしているのですが、授業で、小説作品を取り上げ、学生さんたちに、そこからどんな人間像が描けるか、という課題を出すことがあるといいます。患者さんの診察記録をそのまま使うわけにはいかないので小説作品で代用しているわけですが、まさに点をキャッチし、線を引き、一つの図形を描いていく作業です。精神科のお医者さんには文学に造詣の深い方が少なくないのですが、なるほどこういうことだったのかと思い至りました。

(*) 精神医学の何であるか、その基礎的なところを私は滝川さんから学びました。精神医療というものがどのように始まり、どう発展してきたか。どんな考えに基づいて診断や治療の体系がつくられているか。そしてその何が問題なのかということです。その記録が『「こころ」はどこで壊れるか』『「こころ」はだれが壊すのか』(ともに洋泉社・新書y)という二冊のインタビュー集としてまとめられていますので、ご覧いただければ幸いです。

回り道にも効用がある

この話にはもう少しつづきがあります。さっきも言いましたが、時間がかかるとか、回り道をするということについてです。

私はいま、ジャーナリストと称して物を書く仕事をしているわけですが、ここに至るまで二十一年間の教員の時代があり、言ってみれば長い回り道の末、やっとたどり着いたということになるわけです。養護学校の教員として腹を据えるまでにも、心身ともに文学にイカレてしまうという、その前の二十数年に及ぶ回り道があった。言ってみれば、現在の仕事に至るまで、合計四十年にも及ぶ長い時間を費やしてきたことになるわけです。

そんなわけで、私は自分のことをずっと回り道ばかりしてきた人間だ、と思っていたのです。世の秀才たちからは、無駄なことばかりに時間を費やして、じつにロスの多い人生に見えることだろう、とマイナス面だけを捉えていたわけです。しかしこの一件で、案外、無駄ばかりでもなかったのかもしれない、と考えることができるようになってきました。

というのは、いまはどうやったら近道ができるかを競っている時代です。教育でもどれだけ速く効果が現われるか、目標が達成できるかということが、さかんに問われる時代になりました。とにかく近道をして、いかに人より速くゴールにたどり着けるか。近道ができた人、速くゴールにたどり着けた人が価値ありとされる時代です。教育だけではありません。福祉も介護もそうです。

しかし、障害者とか高齢者といった、何らかのハンディキャップをもつ人たちは、じつは、速さとか近道とは、とても遠い生き方をしている人たちです。一つのことをやり終えるのに時間がかかるし、それ以上に、生きる速度といいますか、テンポといいますか、とてもゆったりしているのです。そうした彼らを理解する作業も、じつは時間がかかります。

ところが、いま言ったように、彼らにかかわる人たちのほうは即効性や速さを問われるような時代になっています。費用対効果を厳しく求められるようになっているわけです。それはそれでだいじなことでしょう。無駄はあるよりないほうがいいわけですし、時間がかかればいいというものでもありません。けれどもくり返しますが、速さや即効性や近道とはそもそもあまり縁のない人たちが、障害者とか高齢者と呼ばれる人たちです。小さな子どももそうかもしれません。一歳の子どもは、二歳を飛び越えて三歳になるわけにはいかない。一歳という時期を十分に体験し、二歳になり、三歳になっていく。

皆さんはこれからそうした子どもたちとかかわる仕事に就いていくことになるわけですが、回り道をするということは、こんな時代だからこそ、逆にだいじなことになっているんじゃないか。皆さんがもし現場に立ったときには、必要以上に急ぐことはないんだということを頭のどこかに入れておいていただくのは、決してマイナスにはならないのではないか。そのことをお伝えしたくて、私自身のことを、少しお話しさせてもらったしだいです。

「障害」をどう考えるか

随分と長い回り道になってしまいました。「障害」とは何か、ということが今日のテーマでした。

まず一つ目は、**障害の「ある／ない」は社会的に引かれた線である、ということです。その切断線は最初から絶対的にあるものではなく、社会的な約束ごととして、人為的に引かれたものだ**ということです。

たとえばいま、ＩＱ七〇以下を「知的障害」と称しています。なぜこの数字が、六〇とか七五ではなく、「七〇」でなければいけないか。そこには絶対的な根拠というものはありません。とりあえず社会の約束として、「七〇」以下を知的障害ということにしましょうという、そういう約束ごとなのだということです。このことが一つ。

そして二つ目。

社会的な約束ごとですから、社会の条件や内実が変わることによって、あるいは私たちの考え方が変わることによって、その線の位置もまた変るということです。つまり、障害観というものは、変わるということです。

そのはっきりとした例が、「色覚障害」です。少し前までは、色覚障害の人は大学の進路選択に当たって、理系関係はすべてだめ、教育関係でも小学校や養護学校教員の養成課程はだめ、という大きな障壁を抱えていました。職業選択の自由が奪われていたのですが、現在は色覚検査なるものは廃止され、受験資格からも外されています。かつて「障害」だったものが、いまはそうではなくなっているわけです。

もう一つ、知能検査は時代を経るにつれて難易度を増していると言われます。これは当然ですね。社会が複雑になるにつれ、身につけなければいけない知識技能や社会的スキルは増えますし、高度になっていきます。ということは、「ＩＱ一〇〇」という標準値の内容も、社会の進展につれて高くなっていくわけです。

自動車の運転免許をもつことが当たり前になって三、四十年ほどになりますが、いまや車の運転はおろか、パソコンを使いこなすことが、社会人としては必須のスキルになっています。ハイテク機能が進化していく傾向はどんどん進むでしょうし、逆に言えば、そうした進展に付いていくことができない人たちもまた、今後、増えていくだろうということが予想されます。

先走っていいますと、軽度発達障害とか、広汎性発達障害と言われる人たちの問題が社会化している背景の一つは、おそらくこのあたりにあるだろうと思います。社会の進展に付いていくことができない結果、何らかの社会的不適応を引き起こし、それが問題化してきたということですね。

ところが一方では、ハイテク機器が進化し、利便性を増せば増すほど、身体にハンディをもつ人たちにとっては、これまでは難しかったことがより可能になってきました。電話が携帯になったことで、視覚にハンディをもつ人たちにとっての恩恵は計り知れないものがあるはずです。

ファックスやメール機能が簡便化することによって、聴覚にハンディのある人たちは大きな利益を受けるようになりました。身体に不自由をもつ人にとっては、車椅子が機能性を増せば増すほど、あるいは特別仕様の自動車が廉価になって普及すればするほど、行動範囲は広がります。義手とか義肢というものも、そうとうに進化しています。

二十年、三十年という時間はかかるでしょうが、テクノロジーが進み、コミュニケーションの機会が増えたり、行動範囲が広がれば広がるほど、「障害」という言葉のもつ意味合いが変わっていくはずです。眼鏡が普及したおかげで、目の悪い人でも通常の暮らしを不便なくおくれるようになっていますし、周囲もとくにそれがハンディだなどと考えたりしません。同じように、車椅子などが私たちの目に当たり前の日常品に近づけば近づくほど、「障害」というものの敷居が低くなっていくと思うのです。

このように、社会の進展や科学技術の進展は、一方の側の人には多大な恩恵を与えている反面、逆にそこからふるい落とされてしまう人もつくり出すことになる、という両面をもたらしています。こうした社会の変化をどう考えるかというのは、とても難しいところです。昔に戻ればいいのかといえば、そんなことはできることではないわけです。いずれにしてもここでは、「障害」とは社会的な約束ごとであり、「障害観」というものは、社会の変化に伴い変わりうるのだということをお伝えしておきたいと思います。

現に、最近のＩＣＦ（ＷＨＯの新モデル）の「障害観」にも変化が見られます。障害というものはその当事者にあると考えるのではなく、関係のなかに存在する、障害とは相互障害状況である、という見方を採るようになってきています。コミュニケーションの手段が確立されていないゆえに、こうした状況が生じるのだということですね。

このことは、社会全体にとっても言えるわけで、理解が進み、交流手段をもつ人が増えれば増えるほど、障害状況と呼ばれるものは改善されていくことになります。障害状況が変われば、当然、障害観も変化するわけです。

さて、ここまでは『ハンディキャップ論』のなかでも触れたことですが、つぎの三つ目がこれからの話のなかでくり返されていく重要なポイントです。三つ目。社会的な約束ごとであり、変わりうるものだということを言い換えれば、**「障害者」というはじめから絶対的な存在、まったく別の特別の存在としているのではなく、あくまでも連続している存在であり、連続性として「障害」というものがあるということ**です。連続性、つまりは相対的な差です。

言い換えるなら、ハンディをもつ人たちに対して線を引き、自分とは縁のないまったく別の世界の存在だと考えるのではなく、我が事として、自分と地つづきの存在として考えていきたいということです。これは子どもやお年寄りや障害をもつ人とかかわることを仕事とする人にとって、とてもだいじな考え方だと私は思っています。

「連続している」という見方がどこまでできるか

この、連続しているんだ、相対差に過ぎないんだ、ということを最初に教えてくれたのが、村瀬学さんの『初期心的現象の世界』と『理解のおくれの本質』という本でした(*)。村瀬さんは、いまは同志社女子大で先生をしていますが、本を書いた当時は施設の職員で、私は大変勇気づけられました。

村瀬さんが指摘したポイントは二つあります。一つは、「心的現象の総体」という難しい言い方をしているのですが、「こころの現象」をトータルに見たとき、ダウン症の子、てんかんをもつ子、自閉症の子、とそれぞれが切り離されているように見えるけれども、そうではない、「ふつうのこころ」がもつ、ある面が強調されて現われているに過ぎないのだといいます。

私たちのこころは、通常のあり方と、そのほかに三つに類型づけられる。飽きてきたり眠くなったりすると、ぼうっとし、意識が朦朧とします。これが一つ目で、「融化心性」と村瀬さんは名づけています。もう一つは、逆に、神経が張り詰めて、たいへんに緊張している状態です。これを「遊離心性」といいます。三つ目は、一緒にいる人と一体化している状態です。気の合う友だちと話しこんでいるとき、気持ちが同調し、一体化するようになることがありますね。そんな状態を指して「親和心性」と呼んでいます。

私たちのこころはこの四つのありようをしていて、その時々の状況で、いずれかの状態になる。そしておくれをもつ子どもたちは、特別な子どもたちなのではなく、この三つのどれかが極端な形で現われている状態に過ぎない、というのです。そして「融化心性」をてんかんの子に、「遊離心性」を「自閉症」の子に、「親和心性」をダウン症の子になぞらえたのですが、この、ある「こころ」の類型が極端なかたちで現われたにすぎないという考え方が、ポイントの一つです。

二つ目は、発達におくれをもつ子どもたちは理解するのに時間がかかると言いましたが、時間がかかるのはじつは彼らだけではない。「理解」というものは、そもそも時間がかかるものなのだというのです。いわゆる個人差というものがあります。先生の説明を半分聞いただけで何を言いたいのか理解してしまう子もいれば、何回も何回も説明を必要とする子もいる、というような個人差がある。これはよろしいですね。

村瀬さんは、それだけではないと言います。「理解」というこころの様式は、もともと〝おくれる〟ことを本質としてもっている。皆さんは、いまこうして私の話を聞いているわけですが、五年前だったらどこまで理解できたでしょうか。十年前に戻ったらまず全員が理解できないと思うのですが、最初から誰もが理解できるということはない、時間がかかるんだと言います。時間がかかるということ、つまりは〝おくれる〟ということが「理解」の本質であり、「理解のおくれ」というのは自然現象なんだと言います。

村瀬さんの本を読み、こんなふうに言葉のない子どもたちを見ることができるのか、と本当に驚きました。ずっと遠くにいて、つかみどころのないように見えていた子どもたちの世界が、一気に近づいたように感じられたのです。自分もこんな見方ができれば、もう少しこの場所でがんばることができるかもしれない。そんなふうに強く励まされたことをよく覚えています。

うまく説明できたかどうか分からないのですが、ここから私の方向転換が始まっていったようなのです。先ほど言ったリハビリですね。彼らの世界が、何を言っても分からないし、やっていることも意味がないし、ただただ〝お世話〟をされながら生きているだけだというように、マイナスの世界としか見ることができないか、そうではなく、それは見る側の問題なのだと考えることができるかどうか。

それが、当時の私がしなければならなかったリハビリの、一番のテーマだったと思います。村瀬さんの本は、そこに大きなヒントがあった。

（＊）いずれも初版は大和書房です。子どもや発達の問題について、村瀬さんには他に、『子ども体験』（大和書房）、『13歳論』（洋泉社）、『なぜ大人になれないのか』（洋泉社・新書y）、『十代の真ん中で』（岩波ジュニア新書）などの著作があります。村瀬さんのこれらの著作を背後で支えているのが、吉本隆明さんの幻想論と呼ばれている仕事です。そのなかでも『心的現象論』が、おそらくは決定的な影響を与えています。

普遍性とどうつなぐことができるか

このことを言い換えるなら、「障害」や支援を特殊な問題として考えるのではないということです。人間一般について考える視点とどうつなげていくことができるか。「人間とはなんだろうか」という普遍的な問いのなかで、どこまでこの問題を考えることができるか。そういう視点をもつことができるかどうか、という問いになります。

私は現場の人間ですから、教師としてどうスキルアップするかとか、いい授業をつくるにはどうするかとか、実践的なテーマにもっと目を向けるべきだったのかもしれません。でも、彼らと徹底して付き合うと腹を決めたときに最初に始めなければならなかったのが、人間観や障害観を一からつくり直す作業だったのです。それが『ハンディキャップ論』というかたちになるまでには、二十年に近い歳月を要したわけですが、やっぱりここでも私はおくれているのですね。回り道というのは要するにおくれです。何のことはない、当の私自身がずっとおくれっ放しだったわけです。

「人間とはなにか」などということをいくら考えても、目の前にいる子どもたちの具体的な問題が何一つ片付くわけではありません。現場にとってだいじなことは、具体的な問題をどう解決するかです。それはその通りです。明日の授業をどうするか。自傷行為が激しくなっているこの子にどう対応するか。そうしたことに全力を注ぐのが、本来の務めであることには私も異論はありません。

でも、簡単に片付く問題などというものも、一つとしてないのです。いつでも長期戦です。長い付き合いになると腹を決めなければ、とてもではないけれども太刀打ちできるものではない。だからこそ土台づくりから始めることが必要だったし、「障害とは何か」ということを自分なりに考えていく必要があった、ということなのだろうと思います。

以上がイントロダクションです。最後は、思い切り格好をつけた話になってしまいました。次回以降、「自閉症」の子どもたちについて話していくことになりますが、その世界を知る作業を本気で始めるにあたっては、じつはたいへん苦い思い出があります。

教員になって数年経ってからでしたが、ある「自閉症」の子のお母さんに、佐藤は「自閉症」のことが分かっていないという指摘を受けたのです。当時の私のなかでは、知的なおくれ（言葉のない子）という問題がまずあって、つぎにダウン症だとか「自閉症」だとか「知的障害」という障害別の特性を考えていくという順番になっていたのです。ここで「自閉症」の子どもたちの特徴について知らなすぎると叱られたことが、本気になって学んでいくきっかけになりました。痛烈な体験でした。

ともあれ「連続性」を基本的な着眼点として、次回以降、「自閉症」の子どもたちについて考えていってみたいと思います。

▼第二章

「自閉症」とは何だろうか

「連続性としての自閉症」という観点

前回、「連続性」という視点が、「自閉症」の子どもたちについて考えるときの出発点だというお話をしました。きょうはそこから始めてみます。

「自閉症」の子どもたちは、これまで、どうしてあのような言動をするのか、さっぱり分からないと言われてきました。宇宙人だとか異星人だとか、まるで別の種類の人たちであるかのような言われ方さえしてきました。たしかにとても不思議です。

身体に障害をもつという状態は、わずかなりとも擬似的に体験することができます。目が見えないとか耳が聞こえないとか、曲がりなりにも、いかにたいへんな状態にあるかを類推することができます。手や足に怪我を負えば、たちまち日常生活に支障をきたしますし、身体に不自由を抱えるということがどういうことかについて、いくらかなりとも思い及びます。

知的障害の子どもたちを理解することもなかなかたいへんなのですが、とりあえずは、発達心理学という学問が、理解のための一つのヒントをつくってきたと思います。発達年齢が「八ヶ月」とか「一歳半」である、と言われると、赤ちゃんや幼児を思い浮かべながら、何とか類推しようとします。

ところが「自閉症」と呼ばれる子どもたちについては、こうした指標はありませんでしたし、感情的な交流という点でもなかなか難しいものがあります。気持ちが通じたかなと思っても、五分もすると、他人行儀に戻っていることがしばしばです。この推し量ることの難しさという事情が、特異さと不思議さとして強調されてきた理由だろうと思います。

ところが、毎日毎日顔を合わせ、三ヶ月、半年と過ぎていくうちに（これは自閉症の子に限らずどんな「障害」の子でもそうなのですが）、「自閉症のA君」「自閉症のB君」ではなく、ただのA君、B君になっていきます。特異なところや不思議なところがなくなりはしないものの、彼らの特徴の一部として収まる場所に収まっていくのです。

福祉の現場や学校で日々付き合っている人間にとっては、多かれ少なかれ、誰もがそんなふうに感じているはずですし、この感じは、ご家族であれば、もっとそうだろうと思うのです。「自閉症のA君」ではなく、「ただのA君」です。

こう言うと、それは家族の苦労を知らない人間の言い草だ、どこがただのA君なんだ、と感じられるでしょうか。でも、そうした一切を含めて、毎日の暮らしのなかでは、そのようなA君として受け入れ、家族の一員としての場所をもっているはずです。それが、日々の暮らしを共にするということです。

詳しくは『ハンディキャップ論』を読んでいただけるとうれしいのですが、どんなに障害の重い子でも、毎日毎日付き合っていると、「障害」という輪郭が溶けていくのです。この落差がずっと不思議でした。これはなんだろうな、と思ってきました。最初に、障害ってなんですかという問いを皆さんに投げかけたのも、こうした事情があったからです。

喜怒哀楽を共にする者からの観点

お医者さんの描く自閉症論には、お医者さんなりの視点があるでしょう。治療者の観点からの自閉症論ですね。あるいは学者には学者の学問的な視点、研究者的視点というものもあるだろうと思います。また心理の専門家や教師であれば、療育的・教育的視点から「自閉症」という症状を見るだろうと思います。私がここで採ろうとしているのは、それとは別のものです。

医療者や研究者によって積み上げられてきた研究の成果を、無視するということではありません。毎日接してきた者から見た自閉症論といいますか、一緒に笑ったり泣いたり、ときには彼らの訴えの前に立ち、困ったなあと悩んだり考え込まされたりしながら考えてきたこと。そうした「喜怒哀楽を共にしてきた者」の観点から、彼らを描いてみたいということです。

少しだけ言わせてもらうならば、彼らは「自閉症」という症状を治療したり、療育を受けるだけのために生きているわけではないのですね。あくまでもそれは、生きていること全体の一部です。だいじな一部ではあるでしょうが、すべてではありません。また研究対象として生きているわけでもありません。これは当たり前のことだと思うのですが、どちらかと言えば、これまで見過ごされてきた観点なのではないかという危惧があります。

私は教師でしたから、どうしても教育的な観点になることは避けられないとは思いますが、それは学習理論や指導技法論といったものとは違います。最近の学習理論や治療理論はこうなっていて、科学的研究の成果がここまで達している、といった、皆さんがこれまで受けた授業での自閉症論とは、たぶんまったく別のものになるはずだということは申し上げておきたいと思います。

明らかにしてみたいこと

私の問題意識といいますか、明らかにしてみたいことを、少し整理してみましょう。

一つ目。彼らがなぜこんな行動をするのだろう、どうして言葉がこんなふうに独特のものになるのだろう、なぜ突然混乱し、パニックになってしまうのだろう、といった、彼らとの毎日の付き合いを通して、ああでもない、こうでもないと考えてきたことをお話ししてみたいということ。

言い換えるなら、「自閉症」と呼ばれている彼らがどんな世界を生きているのか、少しでも接近してみたいということです。不思議だ、分からない、と言われてきた彼らの「こころの世界」がどんなものか、不十分なものを覚悟で（何しろ世界中の研究者や医療者が、必死になって解明しようとしている難問ですので）、自分なりに手がかりを置いてみたいということです。

二つ目は、「自閉症」の子どもたちが見せているさまざまなありようは、人間という存在を理解するための重要な手がかりを与えてくれているのではないか。行動、言葉、感情、見ることや聞くこと、人とのかかわり方は、逆に「人間とは何か」という問いを強く喚起してきますし、だいじな手がかりがあるはずです。

たとえば彼らの言葉の特徴の一つに、言葉がオウム返しになってしまう、というものがありますが、ではなぜ私たちの言葉がオウム返しにならないのでしょうか。オウム返しになるのも不思議ですが、逆に、オウム返しにならずに話すことができる、ということも不思議です。

こうした疑問が、当然のように出てきます。職員間で、そのオウム返しの言葉を言語活動ととらえてよいかどうか、はたして言葉なのか、という議論になることがあったのですが、当然そこから、では言語活動とはいったいなにか、言葉とはなにか、という問いが立ち上がってきます。

このように、一つひとつの行動の特徴を探っていけば、必ず逆に、では私たちはなぜそのような行動をせずに済んでいるのか、と問うことになり、結局、人間を問うことになるのです。

三つ目。なぜ彼らの世界を少しでも知ることがだいじなのか。異星人とか不思議な存在という理解の仕方から一歩踏み込んでいくことが、どうして必要なのか。それは、私たちが彼らのよき隣人となるために、必要最低限の作業ではないか、と考えるからです。

さらに進めれば、どんな社会であることが望ましいと私は考えているのか、という問いです。社会は、基本的に健常とか定型発達とされる人びとに合わせてつくられています。そのほうが多くの点でロスが少ないからですね。そしてそのような社会に適応してくださいというのが、これまで基本的に採られてきた考え方です。しかしそれだけで十分なのだろうか、という懐疑が私にはあります。

もう一度問いますが、私たちは今、三人に一人が高齢者だと言われる社会を目前にしています。

高齢者もまた、何らかのサポートを必要とする人たちです。多くの高齢者が、何らかの形で支援を受けながら生きていくことになるわけですが、そのとき、どんな社会であることを望むのか。自分が高齢者になったとき、どんな社会で生きたいと願うのか。この問いは他人事ではないはずですし、ますます切実な課題となるはずです。「障害」を考えるということは、ここにつながっていくものです。「老い」の問題と「障害」の問題。これは私のなかでは同じテーマの両輪です。

人間とは何かとか、どんな社会が望ましいのかとか、ずい分と大きな話になってしまいましたが、以上が、背後にある問題意識です。これらのことはさまざまなかたちで問われていくだろうと思います。

「自閉症」の子どもたちが見せる特徴

ここから具体的な話に入っていきますが、最初に、「自閉症」とはどんな特徴を示す子どもたちなのか、という点について少し触れてみます。

「自閉症」は、知的なおくれを伴ういわゆる「自閉症」（カナー型とも言われたりします）。知的には標準かそれ以上なのだけれども、社会性とか人とのかかわりでおくれてしまうタイプ（アスペルガー症候群と言われます）。アスペルガーほどはっきりとした特徴を示さないけれども、やはり仲間だと見なされるタイプを特定不能型（あるいは総称である広汎性発達障害という言葉をあてることもあります）と、三つの類型に分類されています。

ここでは、知的なおくれを伴ういわゆる「自閉症」と呼ばれる子どもたちについて、簡単にスケッチしてみます。(「自閉症」というネーミングは誤解を招きやすいという批判がありますが、ここではひとまず置きます。(*) 以下、「自閉症」という言葉を使うときは、この知的なおくれの伴うタイプを指すことにします)

近年は、「自閉症スペクトラムの三つ組」として、つぎの三つの特徴で言い表されることが多いようです。

一つ目は「言葉によるコミュニケーションと対人相互性のおくれ」です。

あとで詳しく述べますが、対人相互性のおくれ、つまり人とのかかわり方を見たとき、なかなか「交流」的なもの、「相互」的なものにはなりにくい、相手の感情の理解が難しい、という特徴を見せることです。たとえば遊びのなかで、抱っこされたりくすぐられたりして喜ぶといった、通常の子どもたちが見せる交流的な反応が乏しいのですね。

ではまったく人に関心がないかといえば(ここが「自閉症」という言葉が誤解を招きやすいところですが)、どうも違うようなのです。こちらが想像していた以上に注意深くまわりを観察しているし、理解しているといった事態にしばしば出会います。

思春期に入ると異性への関心も示します。「一方的なかかわり方」という言葉をつかってしまうと否定的なニュアンスになってしまいますが、その表現方法は一種独特で個人差はありながらも、人へのかかわりを示そうとする、そうした面は間違いなくもっています。ともあれ、人とかかわる力の弱さが一つ目の特徴です。

二つ目は言葉のおくれです。「発語がある」と言われるような子でも、相手の言葉のオウム返しや、テレビコマーシャルのセリフのくり返しにとどまったり、会話や応答になりにくいという特徴があります。

三の組の特徴からははずれますが、言葉の理解はおくれるけれども、「巧緻性、操作性」といった点は進んでいることが少なくありません。とくに物をつくる作業などは比較的にスムーズにこなしていきます。そのため言葉の力や「分かる力」と、「巧緻性、操作性」が大きなアンバランスとなる、という特徴を見せることがあります。

三つ目。「同一性保持」とも言われたりしますが、「一つの物事やパターンへの強いこだわりを示す」。「儀式的行動」と言われたりもします。こだわりの内容はまさに各人各様で、ドアが開いていると必ず閉める子、ティッシュペーパーの箱からティッシュが出ていると中にしまいこまずにはいられない子、自動販売機を見るとすべての商品のボタンを押さずにはいられない子など、本当にさまざまです。「常同行動」もここにふくまれるでしょう。

これら三つが診断するときの大きな指標になっているようですが、彼らの特徴は、他にもまだあげることができます。

たとえば、視覚、聴覚、味覚、皮膚感覚など、感覚や知覚がとても偏っていると感じさせます。過敏か鈍感か極端なのです。それから「常同行動」と言われるような、手をヒラヒラさせたり、身体を前後や左右にくり返し動かしたりする特徴が見られます。そして多動といいますか、一ヶ所にじっとしていられず、飛び跳ねたり部屋のなかを走り回ったりするなど、行動面での特徴を見せる子もいます。

それからこれも重要ですが、初めての体験や初めての場所に弱い、パターンが変わると混乱してしまう、といった面も見られます。結果、パニックになりやすいということになります。以上は、教科書的な説明です。大きく見たときに、全体としてこうした特徴がありますよ、ということです。一人ひとりはまたそれぞれの特徴をもっています。こだわりが各人各様だと言いましたけれども、常同行動も、感覚の独特さもそれぞれです。

（＊）「自閉症」が関係性や社会性のハンディキャップであるという認識は、社会的にもだいぶ共有されているようです。「自閉症」というネーミングはたしかに誤解を受けやすいところがあり、もし変えるならば「関係発達障害」としたらどうか、と私は考えています。

変遷する自閉症学説

さて、ではこうした特徴をもつ子どもたちは、これまでどのように考えられてきたのでしょうか。ここから先は滝川一廣さんの力をお借りしますが、いろいろな説が出されては取って代わられていく、というくり返しなのですね。詳しい話はできませんので、思い切り要約します(＊)。

何が「自閉症」の本態をつくっているのか。何が基本症状で、何が周辺症状なのか。そのことをめぐって、これまでに多くの学説が出され、そして捨てられてきました。滝川さんはそのような学説の変遷のなかに、「自閉症」という問題の、しっかりと踏まえておくべき本質を見ようとします。

最初に「自閉症」の子どもたちを発見したカナーというお医者さんは、人とかかわる力の弱さ、関係性の障害が「自閉症」の本態であり、コミュニケーションのための言葉をつかえないというのは、そのことによって二次的に生じたものだと考えました。一九四〇年代から五〇年代のことでした。

そして六〇年代になると環境論的研究が盛んになる、と滝川さんはいい、それを五つにまとめています。主要なことのみ取り上げると、家族論や家族研究、ホスピタリズム研究です。つまり家族成員の資質や養育のあり方が、「自閉症」という症状に影響を与えているのではないかという研究ですね。

ホスピタリズムという言葉は皆さんもお聞きになったことがあるかと思います。病院や施設で乳幼児期の養育を受けて過ごした子どもたちは、その後の発達に大きな影響受けているという点に着眼し、その因果関係についての研究です。かつて、「自閉症」の原因が、母親の育て方や冷たさといったものに帰せられた時期があり、多くのお母さんが、二重、三重に苦しめられました。育て方のせいで「自閉症」になるなどという考えはいまでは否定されているのですが、この時期の研究の負の遺産ともいうべきものです。

こうした動向のあと、七〇年代に入ると、ラターという児童精神科医が認知障害説を唱えます。基本症状は言語と認知の障害だとし、この考えは広く受け入れられました。脳のどこかの障害がその原因であり、それを探し出すことが最後の課題だと考えられたのです。ところが、ラターの学説にも重大な弱点があることに気づかれていきます。

一つは、言語や認知の障害が、どうして早い時期から人とかかわる力のおくれとなるのかうまく説明できなかったこと。もう一つは、高機能自閉症やアスペルガー障害と言われるタイプが報告されたことです。彼らには言葉や認知のおくれは見られない。けれども社会性、関係性でおくれを示してしまう。この事実をラターの説では説明できないということになったわけです。

そしてつぎに感情を理解する脳の機能がどこかにあり、それが障害されている、というホブソンの感情障害説が現われます。しかしこの説でもうまく説明しきれず、現在主流となっているのが、バロン゠コーエンの「心の理論障害説」です。「心の理論」を簡単に言うと、人には人の心や考えを理解しようとする能力が生まれつき備わっている、社会が進展し、複雑になるにつれ、その応力を精緻にさせてきた。「自閉症」と呼ばれる人たちはその能力を欠いているというもので、やはりその原因となる故障が脳のどこかにある、という考え方です。しかしそれもまた限界をもつ、と滝川さんは言います。

こうした理論の変遷を追いながら、滝川さんは、つぎのようにまとめています。ラターもホブソンも、バロン゠コーエンも、論理がさかさまである。社会性の相互的対人交流に乏しさがあったからこそ、それらの障害が生じたと考えるほうが合理的だろう。精神機能がどんなプロセスで獲得されるか、発達論的な吟味を怠ったところに、ラターからバロン゠コーエンに至る主導的な自閉症研究の最大の弱点がある、としました。

ここに、滝川自閉症論のポイントがあると思います。

くり返しますと、相互的な対人交流において生得的弱さがあり、これを自閉症の基本症状と考えること。発達的な観点のもと、精神発達全体のなかでそれを捉えていくこと。いわば、カナーの考えを基本としながら、そこに発達的着眼を入れようとしているのが、滝川自閉症論の要だと言えると思いますが、学説の変遷史をあえて紹介したのには、二つほど理由があります。

一つは、新しい学説ほど古びていくということを、滝川さんがくり返し強調していることです。これはとてもだいじな観点です。いま勢いをもって流布しているように見える新理論でも、十年先、二十年先にはどうなっているか分からない。いや、新しいものほど早く古びていく。だいじなことは、見失ってはならない本質が何か、そのことをしっかりと押さえておくことだという観点は、現場にいる人間にとって、とてもだいじなのではないかと思います。

まずはそのことをお伝えしたかったしだいですが、問題はここから先です。つまり何が本質なのかということですね。

（＊）どうしても不正確なところが生じてくると思いますので、ぜひとも『「こころ」の本質とは何か』（ちくま新書）をお読みくだされればと思います。

滝川さんの、こうした研究史的観点を、日本の医療者、研究者の論文を俎上に上げて追及したのが、小澤勲さん（精神科医）の『自閉症とは何か』（洋泉社）という膨大な仕事です。小澤さんは、日本の精神科医や研究者が、これまでどんなふうに自らの学説を変遷させてきたか（しかもすべてが輸入品です）を徹底的に洗い出し、批判を加えています。その批判のポイントを一言で言えば、これまでの研究者は「自閉症の科学的研究」の名の下、観察し、実験し、そこで得られたデータや症状だけ見ていて、人間を見ていない、人間を見ることができない、というものです。まったく正論だと思います。ちなみに村瀬学さんにも『自閉症

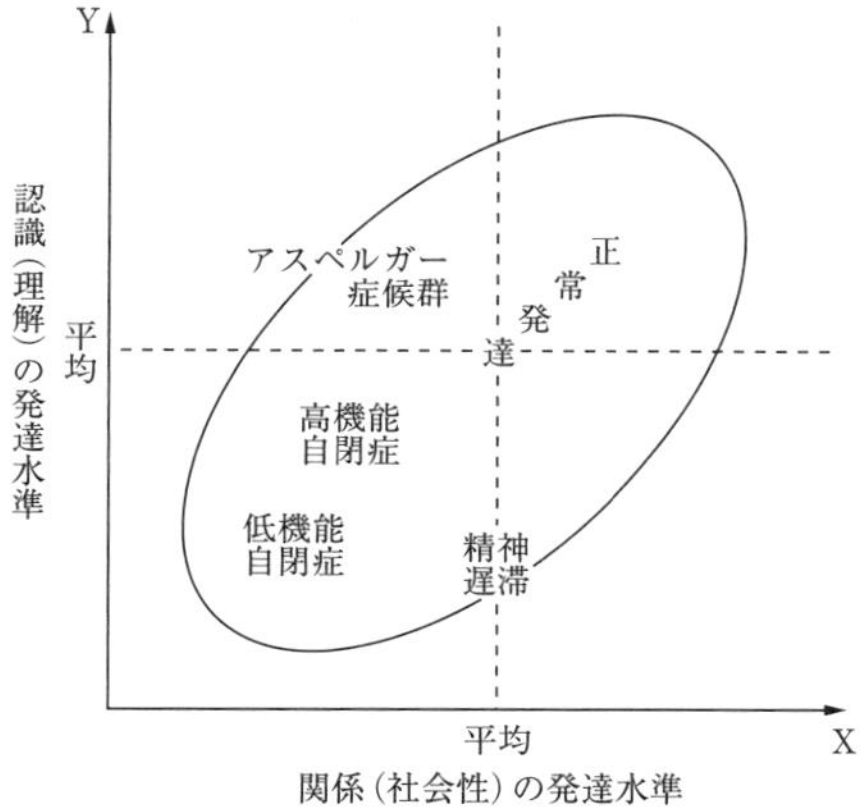

図　正常発達と発達障害の連続性
（滝川一廣『「こころ」の本質とは何か』ちくま新書より）

これまでの見解に異議あり！』（ちくま新書）という著作がありますが、これは小澤さんの問題意識を強く受け継いだものだと言えます。

連続性としての発達スペクトラム

この、対人関係性のおくれという考えをもとに、滝川さんは上のような図を示しました。

人間の精神発達を、「認識（理解）」と「関係（社会性）」という二つの軸から捉えようとしたのがこの図です（最近の論文では理解を「共同的理解」、関係を「共有的・交流的関係」と言い換えています）。とりあえず一つの理念型、考え方のモデルなのだ、と受け取ってくだされぱいいと思いますが、では「知的障害（精神遅滞）」とは何かと言えば、関係（社会性）の発達に較べ、認識（理解）の面で相対的におくれを表す子どもたちだということになります。

そして「自閉症」とは、認識（理解）ととももに、関係（社会性）もまたおくれを示す、そのような子どもたちだということです。アスペルガーあるいは高機能自閉症と呼ばれる子どもたちは、認識（理解）の面では標準かそれ以上の発達を獲得していくけれども、関係（社会性）の面でおくれを示すということをこの図は示しています。「障害」とは社会的な約束ごとだと最初に述べましたが、「自閉症」や「アスペルガー症候群」がどこで区切られるか、あらかじめ絶対的な線があるわけではありません。あくまでも社会的に引かれる線です。相対差であり、連続している、ということがどういうことか、こうして図にしてみると、より鮮やかに受取っていただくことができるのではないでしょうか。

私はこの図をはじめて見たとき、ちょっとした衝撃を受けました。連続性とか相対差とか、関係のおくれが基本、といったことは頭のなかにあったのですが、「自閉症」も「知的障害」もアスペルガーも、定型発達も、同じ一つの座標軸のなかで「発達のスペクトラム」として描くことができるなどということは、私の発想のどこにもなかったのです。衝撃を受けつつも、これで一気に見通しがよくなりました。

さてでは、対人相互関係のおくれが「自閉症」の基本症状だとするならば、その基本症状はなぜ生じるのか、という問いがでてきます。基本症状としての関係のおくれをどう考えるか、ということですね。

ここで思い出していただきたいことは、村瀬学さんが「理解のおくれ」は自然現象であり、その差は相対的なものに過ぎないと指摘したことです。「理解のおくれ」が自然現象であるならば、同じように「関係のおくれ」も自然現象と考えてよいはずだ、というのが滝川さんの採る筋道です。

「知能」と言われるものの検査結果が、一〇〇を中心に正規分布することは知られていますが、同様に、もし検査が可能ならば、人と相互的にかかわる力もまた正規分布するだろう。関係発達のおくれは（はっきりとした病理群は別として）、異常現象や病理現象ではなく、基本的には自然現象として現われる相対差である、というのが滝川さんの考えです。

「自閉症＝脳障害論」をどう考えるのか

気づかれたかもしれませんが、ここで採っている考え方は、「自閉症」は脳のどこかに故障があるゆえにもたらされるものだ、という現在流布している「自閉症＝脳損傷論」とは、一線を画しています。いくつか理由があるのですが、やはりここでも、滝川さんの説（脳障害論批判）を紹介しましょう。

まず、「自閉症」だとかアスペルガーだとかという〝診断〟は、あくまでも医療者が特徴的な行動を拾い上げ、それを診断マニュアルに当てはめて分類しているものだということです。つまり脳などの中枢神経系の所見に立脚して、病理的原因があるから自閉症（アスペルガー）であると診断されたのではない、その診断には医療者なりの解釈や判断、経験知が加わっている。厳密にいうと、「自閉症」などの発達障害については、医者は〝診断〟をしているのではなく、〝判断〟をしているのだと滝川さんは言います。

（ここで少し私見を挟むなら、この〝判断〟は純粋に医療的見地だけによる、と言えるのかと言えば、そうではないと思います。社会的諸事情を背景とした、医療的〝判断〟なのです。医学がどれほど社会的パラダイムと相関する関係にあるかは、ミシェル・フーコーの仕事を待つまでもありません。「障害」とは社会的線引きなのだと述べましたが、「診断＝判断」もまたさまざまな社会的文脈を背景とした線引きであり、約束ごとだといえます）

さて、医者の下す〝判断〟だからこそ、ときに、この子はＡＤ／ＨＤかアスペルガーかと診断が分かれたり、自閉症か知的障害かと論争になったりするわけです。明らかな病理的因果関係が認められるのは、ダウン症や代謝異常など一部にしか過ぎず、すべての発達障害を脳の器質的障害とするのは論理的ではない。

また脳の障害は、当然、何らかの発達上の困難をもたらすけれども、逆は真ではない。つまり、すべての発達障害をもつ子どもたちが、脳の障害という病理現象を示すわけではないことに加え、定型発達の子のなかにも何らかの変異が認められるケースがあり、脳損傷説ではこれらの事実を説明できない。脳の障害ゆえに発達のおくれとなったのか、かかわりや養育環境のハンディが脳に何らかのダメージを与えることとなったのか、因果関係は必ずしも明らかではないというのです。

したがって、関係発達のおくれは異常現象や病理現象ではなく、基本的には自然現象としての相対的なおくれである、すべての発達障害を脳の病理現象ゆえだととらえることは、非合理を含むことになるといいます。

四つ目として、脳科学は、個体の脳のなかでおきている物理現象を扱います。ところが人間の精神現象を、個体のなかだけの物理現象として説明するのでは不十分です。その本質は、むしろ個体を超え、社会的（共同的）・関係的世界において現われ、精神現象や「こころ」が問題になるのは、私たちが「関係存在」として生きていればこそである、したがって、個体の中の物理現象からのみ説明することには無理がある、といいます。

脳の何らかの障害は、「自閉症」や発達障害にとっての促進要因ではあるが、根本要因ではないというのが滝川さんの結論です。

「こころ」というはたらきを考えるとき、個体のなかだけの現象としては説明しきれない、という点はよろしいですか。ひとは生まれ落ちたときから、両親はじめ、いろいろな人とのかかわりのなかで発達する存在である。そうやって人とかかわることによって、「こころ」という精神発達はなされる、脳が物理的に大きくなるだけで「こころ」が育つわけではない、ということですね。

現場の人間にとっての「自閉症＝脳障害論」

以下に、少し私見を加えましょう。

本を読んでいると、ときどき、あれっ、と思うことがあります。画像診断やＭＲＩ検査が発達し、「自閉症」の子どもたちの脳にはさまざまな変異が認められるようになっている、しかしその部位は特定されておらず、いまだ定説はないのが現状である、つまりは仮説の段階である、と最初は慎重に脳損傷説を差し出します。

ところが読み進めていくうちに、「自閉症」の子どもたちの特徴的な行動を説明する段になると、それは脳の機能障害の故であるというように因果を直結させ、仮説がいつの間にか定説のように扱われていることが少なくないのです。

私は素朴に不思議だと感じるのですが、「自閉症」が脳の機能障害であるというならば、知的障害をもつ子どもたちも、脳のどこかがダメージを受けていることはまちがいないはずです。ところがこちらのほうはほとんど話題にもならず、こと「自閉症」や発達障害となると、脳の機能障害という仮説が定説のように強調される。不思議なことだといつも感じます。

ここには、おそらく理由があります。

一つは、脳科学がいまやたいへんなブームになっており、脳が解明されればすべてが分かる、といったある種の盲信といいますか、過度の信じ込みが広がっているという社会背景が一つです。二つ目は、「自閉症」の子どもたちの行動や言葉が与える不思議さです。彼らの行動や言葉がこんなにも不思議なのは、脳のどこかに機能障害があるに違いない、という印象が、いつの間にか、それ以外には考えられないという確信に変わってしまい、その思考パターンを疑わなくなってしまうことではないかと思います。

そして三つ目が、かつて「自閉症」を形成する原因が養育にある、母親の育て方にある、とされたことに対するリアクションです。現場の教師の何人かから「脳のどこかに何らかの原因があるんですよ、という説明が、お母さんたちを一番安心させる」という話を聞きました。分からなくはないのですが、私自身は複雑な気持ちになりました。

というのは、「自閉症」や発達障害における脳科学の解明がどこまで進んでいるにしろ、治癒あるいは治療といったものに対し、はっきりと答えを出すことができずにいるのが現状です。発達障害や「自閉症」は、残念ながらまだ医学では治らないもの、というのが一般的定説とされているのですね。ということは、「自閉症」の子どもたちにとって重要な存在は、養育や療育、教育にたずさわっている人たちだということになります。

先日目にした論文に、こんなエピソードが書かれていました。ある学校の先生が、自分の受けもちの子が発達障害と診断された、するとその先生は、ではもう自分の仕事ではない、お医者さんに任せればいい、と言ったというのです。

どう思われますか。

私は、医療は必要ないと言っているのではありませんよ。お医者さんを敵対視しているわけでもありません（笑）。現場にとって間違いなく重要なアドバイザーです。多くの医師たちが貴重な助言を与えてくれるはずですし、耳を傾けることはだいじなことでしょう。現場の人間がそれを受け売りして、医者のまがい物のようになる必要はありませんが、必要最低限の医療的知識はもっておいて損はありません。

しかしくり返しますが、「自閉症」の子どもたちには間違いなく〝育ち〟が見られます。最前線でそれを担っているのは、まずは教育や療育にたずさわる現場の人間です。仮に脳が解明され、障害の部位が特定されたとしても、治癒に有効な薬物療法や治療方法が発見されるまでは、福祉や教育の現場にいる人たちの役割の重要さは決して小さくはならないはずです。むしろますます重要になるかもしれない。

というのは、脳の研究の進展とともに、「科学的」と称する新たな療育プログラムがつぎつぎに提示されてくるだろうことは、容易に推測されます。先ほど、いま勢いをもっているように見える学説でも十年先、二十年先はその命運は分からない、大きな枠組のなかで相対化することが重要なのではないか、とお話ししました。では現場の人間にとってなにがだいじか。なにが学説や新しいプログラムを相対化するのかといえば、それは毎日毎日顔を合わせ、かかわっているというそのことです。実践そのものです。逆ではないのです。

私が徹底的に抗ったのは教条主義といいますか、一つの学説やプログラムを妄信的に神格化する姿勢でした。現場の人間は「いいとこどり」でいいのだと思うのです。「いいとこどり」といっても、でたらめということとは違います。私自身は、宇佐川浩さんという淑徳大学の先生の発達理論に徹底的に食いつき、大学での講義テープを何度も聞き、基本的な考え方や実践でも、それこそ細かなところまで助言を受けました。学ぶところはたいへん大きかったですし、当然、そのことを基本に据えました。しかしあとは「いいとこどり」です。

何を言いたいのかというと、「脳障害＝自閉症論」が現場の人間にとってもつ意味がなにかということを、現場のほうから捉えなおす作業がもっとなされてもいいのではないかということです。

純然たる医学の問題であるならば、先ほどの教員のように「自分たちの仕事ではない」ということになるわけですが、依然として最前線での担い手は毎日顔を合わせる福祉や教育の現場の人びとです。排泄や食事の世話をし、逃げる子どもを追いかけ、ぐずったらなだめ、ときには体に傷をつくったりしながら日々奮闘している現場の職員です。このことのもつ意義の大きさは何度でも強調したいと思うのです。

〝関係性・社会性のおくれ〟と脳障害論

二つ目。先ほど、「相互的関係性のおくれや社会性のおくれ、それが自閉症の子どもたちの行動や言葉を考えるときの出発点なのだ」と言いましたが、もう一度整理しなおしてみます。

出発点は、自然性としての〝相互的関係性・社会性のおくれ〟です。これが基本要因です。そこに、さらに促進要因が加わります。

促進要因の一つが生物的要因としての「脳の障害」であり、もう一つが養育的・生活的要因です。乳幼児期に激しい虐待を受けたり、きわめて劣悪でハンディの大きい生活環境のなかで育つことが、発達障害ときわめて似た（あるいは発達障害そのものであるような）心身の状態をつくることは最近注目されています。そしてもう一つ、そこに社会的な要因も促進要因として加わってくるはずです。テレビゲームが注目されたり、ダイオキシンや水銀が注目されたりするのは、この社会的要因です。

一つの要因がダイレクトに作用するというよりも、基本要因がまずあり、そこに促進要因が相乗的に作用することによって、「自閉症」という症状が形成されていく、と考えるのが理にかなっているのではないでしょうか。(*) こうした複雑なメカニズムが作用しているからこそ、同じ「自閉症」という言葉で呼ばれている子どもたちでありながら、きわめて多彩な現われを示すのだと考えられます。そして解明も、治癒も難しいのだと思います。

よもや誤解されることはないと思うのですが、私は、脳の解明など無駄だと言いたいのではありません。きわめて重要な促進要因の一つですし、研究が進むことは大きな寄与を与えるはずです。同じように、養育環境をどう整えるか、ということもだいじな課題です。

ただくり返しますが、私は一義的に、脳の何らかの損傷をダイレクトに結びつける考え方は採らないのです。採らないというより、原理的に成り立たないと考えているのです（なぜ成り立たないと考えるかは、後の回で述べます）。あくまでも基本要因は、自然性としての関係性・社会性のおくれであり、そこに促進要因として、生物学的要因、養育や環境的要因、社会的要因が相乗的に働くのだということ。私自身はこんなふうに考えています。

このことを言い換えるならば、基本要因が関係のおくれですから、彼らとの〝かかわり〟をどうつくるか、それが自分の仕事の生命線だと、ほとんど思い込みのように考えてたわけです。そう思いながら毎日彼らとかかわっている身にとっては、脳の障害云々という論議は副次的なことであると感じられてなりませんでした。

難しかったことは、かかわりがつくられていくというその実際のプロセスを、なかなかうまく言葉にできなかったこと、記述できなかったことです。「しっかりとしたかかわりができていく」とか「信頼関係をつくる」とは言いますが、ではそのプロセスを自分の思い込みや主観だけではなく、どうすれば少しでも第三者が了解可能な言葉にすることができるか。それは本当に至難の業だと感じてきました。

どこまでできるかは覚束ないのですが、「かかわる」とはどういうことか。その変容をどうお話しできるか。おそらくは、そうしたことがこれからの最重要のテーマとなっていくだろうと思います。

（＊）脳の何らかの発達不全という点を考えるならば、知覚や感覚の偏向が大きな課題なのではないか、という印象を私自身はもっています。当然ながら、これも相対差ではあるのですが。

▼第三章

行動の特徴をどう考えるか

〝まとまり〟という全体性

これから「自閉症」の子どもたちの特徴についてお話ししていくことになるわけですが、最初にお伝えしておきたいことは、ひとは全体性といいますか、一つの〝全体のまとまり〟として生きているということです。

赤ちゃんは赤ちゃんで、一つのまとまりをもった存在です。赤ちゃんという条件のなかで、お母さんや大人と交流し、自分の回りのものを見たり聞いたりし、手足を動かし、泣いたり笑ったりしながら生きています。そこに一つの世界をつくっているわけです。赤ちゃんのみならず、私たち一人ひとり、すべてがそうです。

これは、「障害」をもつ人たちも同じだと思うのです。見えない、聞こえない、言葉が理解できないという状態は、私たちから見ればなんと不便でたいへんなことだろうと感じるのですが、見えない、聞こえないというそれぞれの条件のなかで、一つの〝まとまりをもった全体〟として生きているということですね。

教員になって間もないころ、テレビのあるクイズ番組に目の不自由な女性が出演し、司会者が、不便ですね、たいへんですね、と言ったところ、その女性が、物心ついたときから見えなかったから、こんなものだと思っている、とさりげなく答えたのですね。はっとしました。そして、そうかもしれない、そうなんだろうな、と納得したのです。

視覚にハンディをもつ人は、見えないという条件のなかで〝まとまりをもった全体〟ができています。私たちはどうしても〝見えない〟という条件のほうに気持ちが向いてしまい、不便だ、たいへんだ、ということだけを考えがちなのですが、そのような見方だけでは、ある盲点のようなものができてしまうと思ったのです。ハンディキャップがどんな不便をもたらし、どんなサポートが必要なのかと考えることは重要なのですが、しかしそこからだけでは、その人の半分しか見えない。

「自閉症」と呼ばれる子も、脳性まひで寝たきりの子も、それぞれの条件のなかで一つの全体性として世界を生きています。全体的なまとまりとして存在しています。このような見方も、私たちはもっておく必要があるのではないか。「自閉症」のA君、B君だけではない、ただのA君、B君、ということですね。

前回もお話ししましたが、身体的なハンディキャップであれば、擬似的に想像し、その〝全体的なまとまりの世界〟がどんなものか、どんなふうにして〝世界〟をつくっているか、わずかながらでも思い描くことができます。ところが「自閉症」と呼ばれる子どもたちに対しては、その通路をつくることがとても難しい。「特異な症状」だけに関心が集中してしまう分、彼らの〝まとまりの世界〟は想像しにくいわけです。

これから彼らの特徴について話していくわけですが、類推する難しさはあるにせよ、彼らも〝全体性〟として生きているのだということ、そのことをぜひとも頭に入れながらお聞きくだされば と思います。

「常同行動」について

前回も、自閉症の子どもたちの特徴について簡単にお話ししたのですが、ここではもう少し詳しく説明してみます。最初に行動面について。

まず「常同行動」といって、手をヒラヒラさせたり、五指を器用に動かしつづけたり、上体を前後また左右に動かすといった行動が見られます。つぎに「こだわり行動」というものがあり、これは「同一性の保持」とか「儀式的行動」という言葉で呼ばれてきたものだと思います。それからこだわり行動と似ていますが、「パターン化」という特徴もあります。いったん身につけた手順や順序をきっちりと守ろうとし、変えようとしないのですね。これは、こだわり行動の延長上にあるという気がします。

彼らをぱっと見たとき、こうした特徴がまずは目につくのですが、これらは必ずしも自閉症の子どもたちだけに限ったものではありません。知的障害をもつ子やダウン症の子どもたちにも、ときに見られます。そのことをお断りして、以下、詳しくお話ししていきたいと思います。(*)

まず「常同行動」と呼ばれるものについて。

手をヒラヒラさせたり、上体を前後または左右に揺らしたり、ぐるぐる廻ったり、自分の身体のあちこちを触れたりするなど、いろいろなケースが見られますが、基本的には触覚や前庭感覚、痛覚といった、自分の感覚を刺激する自己刺激的な行動がほとんどです。

常同行動がどういうときに起きるかというと、他に何もすることがないとき、することがあっても関心が向かないとき、気持ちが途切れたり、我慢が限界に達したときです。それから心身の状態が良くないときに常同行動は増えるようです。つまり気持ちが外や人に向かわず、内向きになっているときに多くなる傾向があるようです。

この自己刺激的な常同行動が注意を要するのは、ときに自傷行為に移ることです。不安が強くなったり、体調が悪いときなど、とくにその傾向があります。自分の頬をこぶしでとんとん叩いている子がいましたが、普段は手加減しています。ところが体調が悪くなるほど強く叩くようになり、顔に青あざができてもやめないのですね。稀には網膜剝離を起こしてしまうほどの深刻なケースもあります。

それから、常同行動は放置したままにしておくと、没頭していく傾向があります。気持ちが内側に向いていますから、外からの歯止めがなければエスカレートしていくわけです。そのときに直接やめさせるという発想ではなく、気持ちを切り替える、こちらに気持ちが向くようにする、といった対応をとってきたように思います。

「自閉症」の子には、ブランコやトランポリンなど、大きな揺れを楽しむ遊びが好きな子が多いのですが、一人で楽しく遊んでいるからといってそのままにしておくと、だんだん表情が変わっていくのが分かります。楽しい表情というより、自分の感覚世界に没頭し、他のことは何も目に入らなくなってしまう。そんな表情になります。

ですから適度なところで介入し、数をかぞえながらブランコを押してやるとか、手をつないで一緒にトランポリンを跳ぶとか、何らかのかかわりを取っていくことが必要でした。ただし上手な入り方をしないと、怒ってしまったり、逆にこだわりを強くしてこじれさせたりすることがあるので、その子に応じた上手な入り方をする必要がありました。

重要なことは、こちらの発想を転換させることです。「常同行動」はいけないものであり、やめさせようと考えるだけでは太刀打ちできないのですね。「常同行動」を手がかりとして、どうその子にアプローチしていくか。どんなときに現われ、どの感覚に多く依存しているか、感覚処理の得手不得手をしっかりと把握することが、働きかけていくときの重要な手がかりになる。それが私の採ってきた着眼だったと思います。

たとえば感覚を刺激する常同行動に入りがちな子は、目と耳の情報処理が弱いことが多い。目と耳の情報処理が弱いということは、物に働きかける弱さへと直結し、ひいては外の世界へ関心を向けていく力の弱さになる。これらが相乗的に作用して、常同行動を多発させることになるわけです。

常同行動を軽減させるのは、なかなかたいへんなことです。急を要する激しい自傷行為は別として、直接それを抑え込もうとする発想ではお互いに苦しくなるばかりです。発想を変え、子どもを見るときの一つのだいじな指標とする、そのポイントが目と耳と手、という着眼は私にはとても大きなヒントでした。

（＊）一つひとつお断りしませんが、以下、実践場面での記述や考察は、宇佐川浩さんの助言を基本とし、そこから私なりの見解へとアレンジしています。宇佐川さんはオリジナルな発達の理論をつくられた研究者であり、また臨床家でもあるのですが、研究の成果は、『障害児の発達臨床とその課題』（学苑社）、『障害児の発達支援と発達臨床』（全国心身障害児福祉財団）、『障害児の発達臨床』Ⅰ、Ⅱ（学苑社）としてまとめられています。

「こだわり行動」について

「こだわり行動」もまた多種多様です。

運動靴の紐を結んで結んで、結べなくなるまできっちりと結ぶ、という子がいました。結ぶのはいいのですが、困るのは、きつく結んでいるので、脱ぐときにひと苦労することです。つぎに履くときにも紐を全部ほどかなくてはならないので、やはりたいへんです。いつも時間をかけていられるわけではありませんから、急ぐときなど、つい、こちらはイライラし、それが伝わり、一触即発状態になることがあります。

どう対処したかといえば、紐を短く切りました。二、三回以上は結べなくしたのです（これは私の相方教員の発想です。親御さんも驚いていましたが、わけを説明し、納得してもらいました）。

これだと結ぶのも、ほどくのも、短時間で済みます。ひと安心と思いきや、つぎに彼が何を始めたか。靴棚にある他の子の靴紐を結ぶようになったのです。他のクラスの教師たちから、苦情が来るわ来るわ（笑）。幸い、他の子の靴紐結びのほうは少しずつ収まっていったのですが、いっとき、私は暇があると玄関で靴の紐ほどきをしていました。

他にも、教室の戸が少しでも開いていると必ず閉める子、ティッシュペーパーの箱からティッシュが出ていると中にしまいこむ子、クリアケースのようなビニール状のものが好きで、それを見ると手にとって感触を確かめる子。

衣類に関しても、シャツをズボンのなかにきっちりと入れ、ボタンは必ず一番上まではめる子。衣服が少しでも濡れると脱いでしまう子。自動販売機を見ると、そばに行ってボタンを一つひとつ押さないと離れない子。廊下や教室の板張りの目（線）が気になり、一つひとつ確認するように歩いている子など、よくもこんなことまで気がつくものだ、と思うことがしばしばでした。

こだわり行動への対応の難しさは、常同行動の場合と同じように、無理にやめさせようとしてもまず難しいことです(*)。力ずくで止めようとすると、怒ってパニック（癇癪）になりますし、仮に押しとどめることができたとしても、つぎのこだわりが現われてきます。もぐらたたき状態になるのですね。

それから、いつも「だめだ、やめなさい」と目を光らせている状態をつづけていると、お互いの緊張が高まってしまいます。こちらがピリピリすると、なぜか向こうもこだわりの頻度を高めていくということになりがちです。まったく放置しておく、というわけではないのですが、制止するにしても必要最低限にとどめるようにしました。

それから、「こだわり行動」は心身のバロメーターのようなところがあります。いつもより頻度が高い、こだわりが強くて切り替えに時間がかかる、と感じるときは、健康状態に問題はないか、気持ちの上で安定を欠いていないか、普段以上に観察する必要がありました。健康状態に応じて、当然こちらの対応も変わります。

基本的にどう対応したかと言えば、おだやかな、双方にとって安心できる関係をつくるということ。これは「こだわり」だけにはとどまらないのですが、緊急事態への臨戦態勢はつくりながらも、受けとめる、受け流す、安心できる状態を維持するというのが、まずは基本です。対決姿勢には入らないということですね。その上で技術的なことを言えば、靴紐を切ったという話を先ほどしましたが、こだわりが生じない状況をつくる、こだわりになりそうな場面を予測し、できるだけ事前に回避する、ということです。

たとえばシャツの袖を嚙んで、袖口をボロボロにしてしまう子がいました。シャツをいくら用意してもらっても足りなくなり、苦肉の策として、秋口のぎりぎりまで半袖で過ごしてもらうことにしました。半袖だと袖口は嚙めないわけです。収まりかけたかなと思ったのですが、つぎに何をしだしたかというと、襟を引っ張って嚙み始めたのです。ハンドタオルやハンカチをもたせたりしていろいろと試みたのですが、やはり嚙むのはなぜか衣類なのです。

こだわり行動にどう対応するかは、子どもたちとの知恵比べでした。こだわる状況が生じないようにするにはどうするか、こちらは必死に考えます。これはいいアイデアだと思って実行しても、しばらくすると、子どもたちもつぎの手を考えてくる。それなら、とこちらもつぎの対応策を考える。しかし相手もさるもの。ちゃんと新しい手で応じてくるのです。ヘボな教師なんかより、はるかに賢いのです。こんなに賢いのならもっと他の場面でその才能を使ってくれよ、などとぼやきながら、頭を捻っていました。

問題は、学校の外に出たときです。自動販売機に触れたいからといって、車の走る道路を横切っていくのを許してしまうわけにはいきません。洋服が濡れたからといって、往来の真ん中で服を脱ぐのを、どうぞ、というわけにはいきません。

気持ちを切り替えるにはどうすればよいか。着替えるのは構わないが、場所を代えて着替えることを納得してもらうにはどうするか。普段から対応策を用意しておく。一つだけではなく、二つ三つと、できれば複数の準備をしておくこと。それでも予想外の事態が起きることはしばしばでした。

一般論は、たぶんないのだろうと思います。ない、といいますか、こだわりをなくそうとする発想ではすぐに立ち行かなくなる、とまずは徹底して腹を決めること。どうしても対応しなければならないときは、状況全体を考えて知恵を絞ること。その試行錯誤自体が観察を深くさせ、事前予測ができるようになったり、その子についての色々なことを考えさせるきっかけになる、とは感じていました。

（＊）大正大学の小林隆児さんは、「このように見ていくと、彼らのこだわり行動を修正したり制止したりするかかわりが彼らにとってどのようなことを意味するか、およそ想像することができるでしょう。自己の安定化のための唯一の試みさえ奪うことになりかねないほどの深刻な意味をもっているということです」と警鐘を鳴らしています（『自閉症児の関係発達臨床』日本評論社）。まったく同感します。

「パターン化する行動」について

つぎは「パターン化する行動」について。

「自閉症」の子どもたちの行動を見ていると、手順がきっちりと決まっています。朝、学校に来て、授業が始まるまでどう過ごすかから始まり、毎日毎日のパターンが一定しています。これもまた彼らだけの特徴ではないのですが、問題は、切り替えられなくなることです。

たとえばバスから降りた直後、たまたまトイレに行きたかったので直行した、ということがあったとします。するとつぎの日も、そのつぎの日も、おしっこがしたい、したくないにかかわらず、バスから降りたらトイレに直行というパターンが定着してしまい、切り替えられなくなることがあります。この辺が「自閉症」と呼ばれる子と、「知的障害」とかダウン症の子どもたちとの違いです。

このことは、新しい活動を始めるときに、こちらが最初にどう示すかとても重要になる、ということを教えています。最初に変な示し方をしてしまうと、それがそのまま入ってしまうのです。失敗例をいくつかもっているのですが、その一つにこんなことがありました。

小太鼓（スネアドラム）を叩いて遊びましょう、という授業の最初のときです。注意事項を伝えたくて「これはスティックといいます」と子どもたちに見せたあと、自分の頭を軽く二、三度叩きました。そして「こんなことをしてはいけないですよ、スティックは頭を叩くためのものではなく、太鼓を叩くときに使うものです」と言い、それから太鼓を叩いて見せたのです。

そのあと、順番に小太鼓を叩いてみましょうということになったのですが、ある子の番になったとき、彼がどうしたか。自分の頭をコンコンと二度叩き、「いけません」と言ってから太鼓を叩き始めたのです。

以後も、ずっとこのパターンをつづけていました。「頭を叩いてはいけないよ」と伝えるたびに「分かりました、もうしません」とは答えるのですが、とうとう切り替えられませんでした。まいったなあ、申し訳なかったなあ、という感じでした。この手の失敗は少なくありません。

行動がパターン化しやすいということは、逆に、活動を自分でつないでいくことができるということです。手順が決まっていて、始まりと終わりがはっきりしていて、工程が複雑でない活動であれば、進んでできることが少なくないのです。途中に手がかりになるものが示されてあれば、活動をつないでいくこともできます。

けれどもこれは諸刃の剣なのですね。パターン化しやすいという特徴は、変化に対する弱さを意味します。急にパターンを変えられたり、新しい事態を前にすると、混乱したり、不安を強くしたり、対応できなくなってしまうことが多いのですね。新しいことを始めるときには、事前にしっかりと、分かるように説明するように心がけていました。

般化とか応用の弱さといった点も、パターン化しやすさという問題から生じてきます。習得したあることが、場所が変わるとできなくなってしまうとか、自分で工夫して新しいヴァリエーションをつくっていくことができないという問題です。このことはときにこちらにとっての盲点となり、これができたからこっちもできるだろう、という安易な思い込みは厳禁でした。

私たちの「常同行動」と「こだわり行動」

常同行動とかこだわりとか、パターン化しやすいとか、とても不思議でした。どうしてなんだろう、どう考えればいいんだろう、とずっと思ってきました。少しその点について触れてみます。

一点目。こだわりや常同行動やパターン化は、「自閉症」の子どもたちだけの特異な行動であると言われてきたけれども、本当にそうなのだろうか。彼らほど極端なかたちではないにしろ、それらは、じつは私たちももっているものではないか。

自己刺激的な常同行動。これは「クセ」というかたちで残っているのではないでしょうか。たとえば爪噛みはどうでしょう。私は小学生のころ、よく爪を噛んでいました。それが止んだ後、今度はひげを抜くようになりました。きれいな話ではなくて申し訳ないのですが、今でも本を読むときにときどきやっています（笑）。

女の人のなかには（最近は若い男性もそうですが）、たえず髪の毛に触れている人がいます。指でくるくる巻いてみたり、枝毛のようなものが気になるのか、手で切っている人もいますね。貧乏ゆすり。ボールペンを指でくるくる回す。テーブルを指でとんとん叩く。耳が気になってたえず触っている。小鼻が気になる。指のささくれが気になる。なくて七クセというくらい、いろいろなクセをもっているのですが、こうした「クセ」は、じつは常同行動と同種のもの、あるいはその名残りなのだと思われるのです。

それがとくに不思議だとも、おかしいとも感じないのは、私たちが行なう常同行動は「クセ」というかたちで社会的に認知されていたり、見慣れたものになっている。だから驚かないのだし、奇妙でもなんでもないのですね。

「こだわり」もそうです。私たちも、いろいろな「こだわり」をもっています。たとえば皆さんのファッションはどうですか。いろんなスタイルがありますよね。いまのスタイルをなんと呼ぶのかよく分からないのですが、カジュアル系が好きな人、ふっくらとしたスカートをはいたお嬢さんファッションの人、前衛的というか芸術家的というか、とても個性的なスタイルの人、ヤンキー風の人。いろいろです。

ヘアスタイルもそうですね。こういうのは〝好み〟だと私たちは考えていますが、自分の気に入らないファッションができるかと言えば、なかなかそうはなりません。男性でもそうです。自分のスタイルがあり、なかなか変えようとはしません。これは立派な「こだわり」です。

食べる物にしてもそうです。私はお酒が好きで、毎日いただいていますが、まずい酒は飲みたくないですね。食べる物にしても、うるさい人は本当にうるさいですよね。またうるさくなければ、腕のいい料理人にはなれないわけです。料理人はじめ、職人や芸術家というのは「こだわり」の塊りです。

また私の友人たちに聞いてみたところ、ズボンの丈が短すぎると気になる人、体の右側を下にしないと眠れないという人、朝の電車で聞く音楽が決まっている人、「この食べものは体によくない」という情報が流れると、もう口にできなくなる人、始業二〇分前には必ず職場に到着していないと落ち着かないという人、車の運転をするとき必ず右足の靴を脱ぐ人というように、みんないろいろな「こだわり」をもっていました。

こういうこだわりを、好みだとかポリシーがあるとかないとかいうわけですが、要するに「こだわり行動」です。こだわっているのは、何も「自閉症」の子どもたちだけではないのです。

私たちの生活の多くも「パターン化」している

それから「パターン化」だってそうです。私たちの生活も十分に「パターン化」しています。たとえば、皆さんが朝起きて学校に来るまで、どんな手順になっていますか。目を覚ました後、どんな順番で朝の時間を過ごし、家を出ますか。電車の何両目のどこに乗り、どう学校までたどり着きますか。

おそらく、ほぼ、毎日毎日のパターンが決まっているはずです。多少の違いはあるかも知れませんが、その日しだい、気分しだい、日によってまったく違うということはないはずです。学校から帰ったあとも、朝ほどではないにせよ、寝るまでの時間はおおよそ同じように流れていくはずです。どうでしょう。毎日違う、という人がいますか。

生活に関することだけではありません。仕事を進めていく上でも、その手順はパターン化しています。その代表がマニュアルですね。要するに仕事を進めていく手順を決め、目に見えるかたちで一つのパターンをつくっていくこと、それがマニュアルです。仕事に慣れていくというのは、自分なりの手順が決まっていくこと、つまりは自分のパターンができていくことです。学校での授業展開も、大枠はパターン化されていますし、プログラム化するといいますが、あれもそうです。ロスのない筋道をつくるわけです。

人との付き合い方にも、やはりその人なりのパターンがあります。高校時代の友人と会って酒を飲むとき、知り合いの編集者と会って酒を飲むとき、教員時代の友人と会って酒を飲むとき、それぞれのパターンがあります。皆さんが彼氏とデートをするときどうですか。相手が代わると、デートの仕方も変わりませんか。デートの仕方にもやはりパターンがあるのだろうと思います。

パターン化しているのは「自閉症」の子どもたちだけではないのです。スポーツにしろ、楽器の習得にしろ、絵を描くにしろ、語学学習にしろ、少し本格的に取り組もうとするときには、最初に、必ずマニュアル通りに反復練習をします。パターン習得です。私たちの生活も、仕事のあり方も、人との付き合い方も、パターン化しています。

先ほど、「自閉症」の子どもたちは変化に弱い、パターンが崩れると混乱すると言いましたが、この点に関しても同じではないですか。たとえば、朝、出がけに、急に友だちから携帯に電話が入ったり、家の人に用事を頼まれたりすると、この忙しいときに、とイライラしませんか。時間がない、という不満もあるでしょうが、パターンを崩されたことに対する心理的抵抗、ちょっとした混乱があるのではないでしょうか。気持ちに余裕がなくなればなくなるほど、あわてる気持ちも大きくなりますし、パニックになります。

通学の際、駅に行ったら動いているはずの電車が止まっている。どうですか。パニックになりませんか。少し落ちついてくれれば、どうすれば別経路を使って短時間で目的地にたどり着けるか、と必死になって考え始めるのですが、突然パターンが崩れると、ちょっとしたパニック状態になります。

初めての場所や出来事に弱い。これもそうですよね。人によってすぐに慣れる人、時間がかかる人、タイプはあるでしょうが、多かれ少なかれ誰でもそうです。皆さんが高校に入学したばかりのとき、あるいは大学生になって新しい場所に通い始めたばかりのとき、どうでしたか。緊張していたはずですし、疲れ具合も大きかったはずです。初めての場所がどういうところであり(意味)、どうしてそこに行くのか(理由)、何をしようとしているのか(目的)、私たちは理解しています。それでも緊張し、疲れます。

おそらく彼らは、よく分からない初めての場所に理由も分からないまま連れて行かれ、よく分からない初めての出来事に遭遇する。きちんとした説明のないままだと、半ば強引に、そのような状況のなかに引き出されることになるわけです。パターン化することで辛うじて周囲との安定をはかってきたのに、突然崩されてしまう。どれだけ辛い体験か、お分かりいただけるのではないかと思います。

変化に弱いとか、新しい事態に遭遇すると混乱するとか、「自閉症」の子だけの特徴のように言われ、特異な症状や病理現象としてのみ語られてきたのですが、こだわりも、常同的行動も、パターン化も変化に対する弱さも、私たちにもしっかりと見られるものだということが理解していただけるのではないかと思います。

なぜこうした行動をするのか

むろん、これで話を終わりにするわけにはいきません。では、なぜ常同行動（クセ）やこだわり行動をするのか。そこにはどんな理由があるのか、という点について考えてみたいと思います。たとえば皆さんがボールペンをくるくる回したり、髪に手がいく回数が増えるときはどんなときでしょうか。クセがはっきりと出てくるというときは、どんなときですか。……

一つは注意を集中させているときです。人の話をしっかり聞こうとしたり、集中して考え事をしているときに出てくるように思えます。それからイライラしているときですね。話が長いとかクドイ、と感じているときに出てきます。

もう一つは、ボーッとしているときです。何もすることがない、聞いている話がつまらない、といった注意が途切れ、考え事もつかない弛緩した状態にあるときに出てくるような気がします。

「自閉症」の子どもたちの常同行動は「他に何もすることがないとき、することがあっても関心が向かないとき、また気持ちが途切れたりして我慢が限界に達してきたとき」。「それからやはり、心身の状態が良くないときに、常同行動は増える。つまり気持ちが外や人に向かわず、内向きになっているとき」に多くなる傾向がある、とお話ししました。やはり基本的には同じ心理的背景をもっています。

左に緊張や苛立ちがあり、右に弛緩した状態があり、真ん中が平常の状態だとします。「緊張・苛立ち―平常―弛緩」ですね。すると平常の状態から外れた、緊張・苛立ちにあるか、弛緩したところにあるか、そのどちらかで常同行動やクセと呼ばれる行動の多くは起きていることになります。

ということはどういうことかというと、**常同行動やクセは、平常の心理状態から外れたところで見られ、心理的な安定を図ろうとするときに生じる行動**だということになります。

先ほども言いましたが、私たちのクセは見慣れたものです。「クセ」という名のもと、社会的に認められたものです。あるいは社会的な認知を得て「クセ」と呼ばれるようになったものです。ところが彼らの常同行動はとてもレアケースであり、通常は、ほとんど目にすることのないものです。だから、この子は何をしているんだろう、と不思議に見えるのだし、初めて見たときには驚くのですね。それだけの違いなのだともいえます。

もう一つ、頻度の問題があります。私たちはクセに頼らなくても、他に安定を図る手段をもっています。コーヒーやお茶を飲む、タバコを吸う、深呼吸をする、といったように気分転換する手段をいくつかもっています。こうした手段が少ない分、自閉症の子どもたちは常同行動に依存する、したがって頻度も増える、ということは言えるだろうと思います。

「こだわり」と趣味について

では「こだわり行動」はどうでしょうか。

個人差が大きく働くでしょうが、私たちが「こだわり」と言うとき、おおよそつぎのように分類することができるのではないでしょうか。

○私たちのこだわり――①食べる物（和食洋食中華などの好みに対するこだわり。有機野菜とか無農薬野菜かといった安全面からのこだわり。グルメとしての銘柄へのこだわり。食べ方に関するこだわり）、②衣服に関するもの（ファッションスタイルやブランドへのこだわり。色やデザインに関するこだわり）、③住まい（室内の装飾や家具、整理整頓に関するこだわり）、④ライフスタイル（都会派か田園派か。アウトドア派か書斎派か）、⑤趣味に関するもの（音楽や映画やスポーツなどのジャンルに対するこだわり）、⑥職業に関するもの（園芸・料理・工芸・大工など職人の材料や道具へのこだわり。文筆家の文章や言葉へのこだわり）、⑦他人との付き合いに関するこだわり

さらに細かく見ていくことはできるでしょうが、ここでとどめます。

一方、「自閉症」の子どもたちのほうはどうでしょう。本来は発達段階を考慮したり、学齢ごとの比較を試みたりすべきなのかもしれませんが、ここではランダムに、先ほど取り出したこだわりを、項目ごとに対応させて並べてみます。

○「自閉症」の子どもたちのこだわり――①食べる物（偏食など。お代わりを断固拒否する、自分の分を人に分けてあげることを拒むなど、食べ方に関するもの）、②衣服（靴紐を結ぶ、濡れた服を代える、衣服を嚙む、夏冬にかかわらず同じ服を着たがる、シャツはズボンに入れボタンは上までかける）、③住まい（ティッシュペーパーをしまいこむ、戸を閉める、物の位置を元に戻す）、⑤趣味に関するもの（クリアケースや自動販売機、駅の券売機にこだわる。アニメのキャラクターやミニカーなど好きなものに関するもの。同じ音楽を聴いて飽きず、何度も聞きたがる）、⑦他人に対する好き嫌い。

改めてこうして並べてみると、同じ「こだわり」と言ってもずいぶん違っています。これらを同列に論じるのは無理があるのではないか、と感じるかもしれません。さてここから、どんなことが言えるでしょうか。

いくつか気がつくことがあります。

ここまで、〝好み〟とか〝ポリシー〟という言葉を使って私たちの「こだわり」を話してきたのですが、私たちの「こだわり」は、多くが趣味や好み、ポリシーというかたちで社会的・文化的意味を与えられてきたものだということです。社会的・文化的な意味や価値を与えられているもののなかから、自分の好きなもの（こと）を趣味として選ぶ、と言ってもいい。生活のなかで自分なりのオリジナルなルールをつくり、趣味や好みが嵩じれば嵩じるほどルールを高く、細かく設定していきます。「こだわり」が強くなっていくわけです。

なかには人を驚かせるような趣味の持ち主がいますが、でも、「とても変わった趣味ですね」と私たちはとりあえず納得します。趣味というものは、基本的には、他人にとっては変なもの、必要以上に無駄なものなのですね。私も、いまは物を書くことが仕事となりましたから堂々としていられるのですが、教員時代には、集めていた本も、新聞や週刊誌、パンフレットなどの膨大な資料も、家族にとってはゴミの山でした。今でも基本的には変わっていないでしょうね。でもそんなものなのですね。

ではどうして私たちは、このような「こだわり」をもつのでしょうか。自分なりの好みや趣味をもったり、ルール設定をしたりするのでしょうか。

ストレスが溜まりに溜まってイライラするとき、悲しいことや嫌なことが押し寄せたとき、気分転換をしたくなります。そのとき、嫌いなこと、苦手なことをわざわざする人はいません。好きな人や仲の良い人に会って話したいと思うはずです。自分の好きな趣味やリラックスできることを選んで、気分転換を図るはずです。趣味にいそしむ時間というのは、そういうものですね。

先ほど、常同行動やクセは、緊張もしくは弛緩という平常から逸れた状況のなかで、自分自身を安定させるための方策だと言いました。同じように、**「こだわり」つまり趣味や好みといったものは、日々の生活を安定させ、できるだけ快適に過ごすためのツールであり、生活を快適にすることで自分自身を快適な状態にさせる。**それが「こだわり」というものの基本的な特性です。生活を快適にすることによって自分をリラックスさせる、そのための方途だということです。

なぜ「こだわり」をもつのか

さて、では自閉症の子どもたちはどうでしょうか。

「自閉症」の子どもたちの「こだわり」にも同じように、彼らなりに生活サイクルをスムーズにし、リラックスして過ごすことができるように、という意味合いを見ることができるように思うのです。

たしかに違いは、一目瞭然です。彼らの「こだわり」の特徴はやはり感覚依存的ですし、理由や意味をつかみかねることが少なくありません。先に見たクリアケースへのこだわりなどはそうです。好きなのだということは分かりますが、なぜあれほどまでに感触にこだわるのか、その意味を読み取ることはとても難しい。ミニカーやキャラクターのグッズを集めるのは、趣味なんだなと考えることができますし、好きな音楽をくり返し聞くというのも了解できる範囲内です。自動販売機や駅の券売機にこだわるというのも、ジュースやコーラが好きなんだ、電車が好きなんだと考えると、了解可能です。

けれどもそれ以外のものは、理解することがなかなか難しいですね。「お代わりを断固拒否する」とか「自分の分を人に分けてあげることを拒む」とか、季節にかかわらず同じ衣服にこだわるとか、私たちには不思議に思います。

先ほど「こだわり」は自分なりのルールをつくることだと言いましたが、彼らの「こだわり」は、たぶん、彼らなりのルールであり、ポリシーです。お代わりはしない、ティッシュペーパーをしまう、戸を閉める、ボタンを上までかけ、シャツを入れる、洋服をきっちり着るというのも、彼らなりのルールであり、ポリシーだと考えてよいと思うのです。

私たちには奇異に映ります。でもそれはレアケースであること。社会的な認知を受けていないこと、というように、ここでも常同行動のところで用いたロジックが当てはまります。もう一つ、趣味やこだわりというものは、当人にとっては意味や価値があるけれども、他人の眼には変なものも多い、という事情を思い出してもよいでしょう。

くり返しますが、彼らもまた「こだわり」によって自分を安心させ、安定させています。感覚に大きく依存し、あまりに独特すぎて意味がつかめないから、私たちには不思議に見えます。そして趣味やポリシーと呼ぶには、社会的・文化的な文脈からは外れています。私たちは切り替えが自由にでき、没頭し始めても、他の用件が入るととりあえずストップすることができます。ところが彼らはそれがなかなかできにくい。切り替えに手間取ってしまうわけです。たしかにこうした違いはあります。

でも、それだけの違いに過ぎないのであり、基本的には同じものなのだというロジックは、ここでも当てはまりそうな気がします。

「こだわり」とプライド

もう一つ付け加えておきたいことがあります。ここまで、彼らのこだわりを私たちの趣味やポリシーに通じるものだと述べてきたわけですが、つぎの問題はどう考えたらよいのでしょうか。

私たちの趣味やこだわり、ポリシーといったものには、自分のプライドがこめられていませんか。あるいは、その人なりの人間観や生き方といったものが、深くかかわっていませんか。つまり、趣味に関するこだわりは、心理的な快や安定をもたらすものであると同時に、そこには、自分という存在に対する深いところでの自尊感情もまたこめられているものではないかということです。

たとえば皆さんのおしゃれ。……どうでしょうか。自分の身につけているものを否定されたらどうですか。すごくプライドが傷つきませんか。衣服を否定されたという以上に、自分の存在が否定されたような気持ちになるはずです。逆に、褒められるとてもうれしいし、そのうれしさは、自分という存在が認められたうれしさですね。

自分が好きな映画や本を他人にけなされると、やはり同じように存在を否定されたように感じます。食べることに関してもそうです。こだわりが強ければ強いほど、こうした傾向は強くなります。だから通常、面と向かって相手の趣味をけなすことは控えます。伝えるとしても慎重に言葉を選ぶはずです。けなすとどんなことになるか、分かっているからです。また自分が好まない趣味をしつこく押し付けられると、不快になってくる、というのも同じ事情ですね。

彼らのこだわりはどうなんでしょう。ひょっとしたらこだわり行動とか儀式的行動と呼ばれるものには、彼らなりのプライドといっていいようなものが込められているのではないか。あるときから、そんなふうに感じ始めたのです。

というのは、こだわりを阻まれたとき、怒ったり、ときにはパニックになったりするのですが、そのときの感情のぶつけ方が他のときとは違う、と感じさせることがあったのです。激しく混乱し、自分で自分が手に負えなくなったというよりも、こちらに怒りを全身でぶつけ、不当を訴えてきている、と言いたくなるような怒り方をするときがあったのです。これはなんだろうなと考えつづけてきました。私たちが、自分の趣味やこだわり（つまりはそこに込めた生き方）を否定されると激しく感情を害するように、彼らも同様の怒りを感じているのではないか。

最近になって、精神科医である中井久夫さんの『こんなとき私はどうしてきたか』（医学書院）という本を読み、ハッとさせられる一節に出会いました。「治療的『暴力』抑制論」という一章がとられ、患者さんの「暴力」にどう治療的に対応するかという点について、つぎのような言葉があったのです。

「（暴力をふるうときの—佐藤註）患者さんのこころの底の共通点といえば、恐怖です。『暴れる患者は恐怖から』と言ってまず間違いありません。（中略）例外はもっともな場合がけっこう多いです。いちばん多いのは屈辱感を起こさせる場合です」

深く納得しました。子どもたちのパニックの多くも、まずはやはり恐怖感だろうと思います。そしてそれ以上にはっとしたのは、その後に述べられている「屈辱感」という言葉でした。彼らのこだわりに対し、ひょっとしたら気づかないところで屈辱感を与えていたのではないか。そのことでパニックや怒りを誘発していたのではないか。二〇年前に気づいておきたかった、と強く感じさせられた本でした。

まとめとして

時間なので、そろそろまとめましょう。

ここまで、常同行動やこだわり、パターン化といった行動の特徴を取り出し、それは彼らだけの特異な症状としてのみ語られてきたけれども、じつはそうではない。私たちにも見られるものだ、と指摘してきました。

まとめるならば、**常同行動もこだわりもパターン化も、私たちが生きていく上で必要不可欠なものであり、むしろ重要なものだということ。これを欠いてしまったならば、生きていくことがたいへん困難になると言ってもいいほど、私たちに備わったはたらきなのだということです。**当然彼らならではの特徴があるにしても、少なくとも同根の行動であり、基本的には同じ心理的根拠をもっています。

ではなぜ違いが際立ってしまうのかといえば、彼らのそれは感覚に大きく依存し、私たちからは意図が読み取りにくい行動で、かつレアケースであること。依存する選択肢が少なく、切り替えができにくいため、固着的になってしまうこと。それが際立つ理由です。

しかしくり返しますが、ここには連続性があります。特異な行動として際立ってしまうために強い印象を与え、私たちには不思議さとなり、これほど特異なのは脳の障害ゆえに違いない、と考えさせてしまうのだろうと推測されますが、心理的背景は同じであり、同じように生きていく上で不可欠なはたらきなのだと考えてよい。私自身はそう考えています。

ここからもう少し、進めることはできないでしょうか。

今日の話の初めに、私たちは〝全体というまとまりの世界〟を生きているのだと言いました。要点のみをお伝えしておきますが、この〝まとまりとしての全体世界〟は、二つの大きな特徴をもっています。

一つは、変化や安定を脅かされるような力を受けたとき、また危機に出会ったとき、元に戻そうとする強い力が働くことです。危機が大きければ大きいほど、おそらくはこころも身体もフルに動員して、自分や自分の世界を守ろう、修復しようとする体制をとるはずです。もう一つはこのことと相反するのですが、変容していこうとする力が、外からも内からも働いてくることです。発達とか成長と呼ばれるものですね。

私たちは、変容と修復という二つの相反する作用を、自分の外からも内からも受けながら、〝まとまりのある全体性〟として生きています。常同行動やこだわりやパターン化と呼ばれる現象は、この、二つの相反するはたらきをもつことと関連があるのではないかと思われるのです。

次回はその点についてお話しします。

▼第四章

「自閉症」の子どもたちと発達

はじめに

前回は、連続性という観点を強調しながら、常同行動やこだわり、パターン化といった特徴についてお話ししました。生きていく上で必要不可欠なものであり、自分を守るための基本的なはたらきであること。定型発達者とか健常者とか呼ばれる人たちにだって残っているし、基本的には同じものなのだと述べました。

しかし一方、依存手段が少なく、切り替えができにくい。自傷行為やパニックなどの二次的な現象の引き金となりやすく、ときに深刻な事態に至ることがある。生活していく上で大きな不便を引き起こしてしまうことが少なくない、といった点は見逃すことができないものです。

教育や福祉の現場にいる人間から見れば、文化的・社会的な意味が見出しにくく、どう対応すればいいのか分からない、感覚への固執が強くてなかなかつぎのステップに進んでくれない、といった悩みともなります。こうした実際的な事情があり、「症状」としてクローズアップされてきたのだろう、しかし連続しているのだ、と述べたと思います。

もう一点、前回の最後にいささか急ぎ足でしたが、〃まとまりのある全体世界〃には二つの特徴があること。一つが、何かしらの力を受けたとき、安定を取りもどそう、修復しようとするはたらきをもつことであり、もう一つが変容しようとすることだ、とも述べました。そして常同行動やこだわり、パターン化といった彼らの特徴は、これらの相反するはたらきに深く関連しているのではないか、と問いかけて前回の話を締めくくりました。

今日はここからです。

〃まとまりとしての全体世界〃がもつ、相反する二つのはたらきは、生きるということが不可避とするきわめて根源的な矛盾だといっていいものです。人間だけがもつ、あるいは人間であるが故にもつ矛盾です。

一方は生命保存に似た心身の基本的なはたらきであり、自己保存欲求に基づくものです。もう一つは、ひとが人間となるために欠くことのできない社会的過程です。この二つは矛盾ではあるけれども、しかし矛盾を矛盾として保存しながら体制化していくことで、ひとは人間になるとも言えるわけです。この変容していく内的なプロセスは、通常、発達という言葉で呼ばれています。

発達とは質的な変容である

発達をどう定義するかはいろいろな説があるかと思いますが、代表者は、やはりピアジェとワロンでしょう。

ピアジェによれば、「シェマの脱中心化」によって「同化と調節」を図っていくプロセスが発達です。[*1]「シェマ」というのは全体の枠組み（構造）のことであり、発達とはそれまでのこころの枠組みが変容を遂げ、シェマが脱中心化されることだ、という言い方をしたのです。

それはたいへんに精緻で整合性のある理論となったのですが、しかしワロンやピアジェの翻訳者であり、発達心理学者でもある浜田寿美男さんは「彼（ピアジェ―佐藤註）は人間のさまざまな現象のなかから認知以外の働きをほとんど捨象し、認知一元論の上で発達を説いた」と批判します。[*2]

一方のワロンは、最初の着眼を身体と情動に置きます。そしてこの身体と情動は個別にあるのではなく、共同世界にあること。つまりはおとなとのかかわりのなかに、生まれた直後から置かれているということが、ワロンの発達論の前提です。発達とは個体レベルでなされる適応や調節ではなく、身体や情動を基盤とした「自―他」の相互的交流の、動態的なプロセスです。「こうしてワロンは、個体的な適応活動の系列とは別のところに、姿勢・情動の系列をおき、その上に対他関係の世界、自我形成の世界を展望したのである」。[*2]

このように、両者には大きな相違があるのですが、ここではその比較を検討することが目的ではありません。発達の細かな筋道と追うことや、発達論そのものに踏み込んでいくことも目的ではなく、発達というプロセスがどのような特質をもつか、その基本的イメージをつかんでいただきたいというのがここでの主旨です。

つぎの図をご覧になってください。

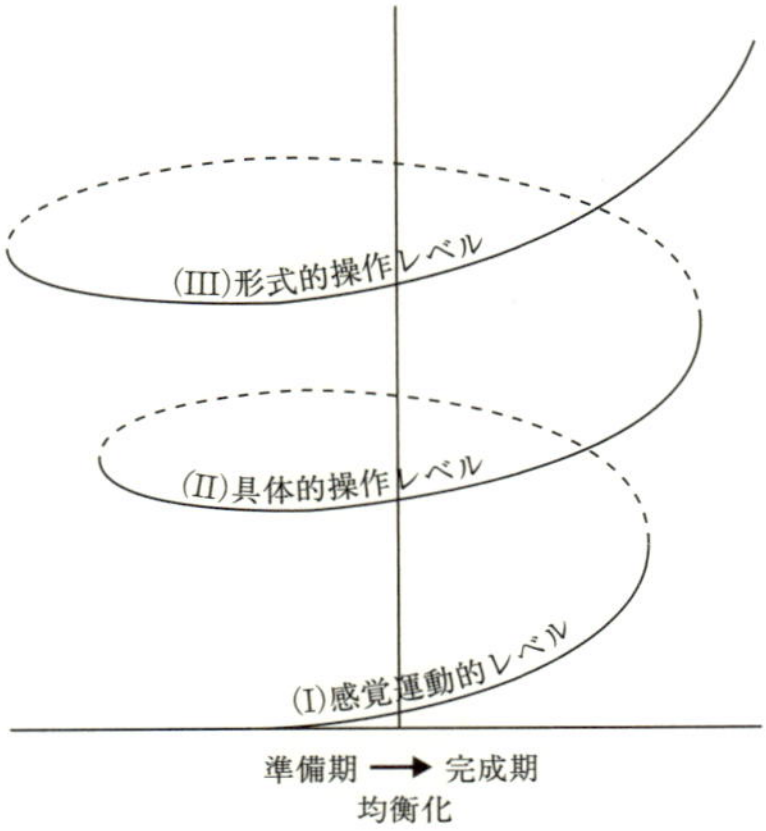

図　ピアジェの発達段階論
(浜田寿美男『ピアジェとワロン』ミネルヴァ書房より)

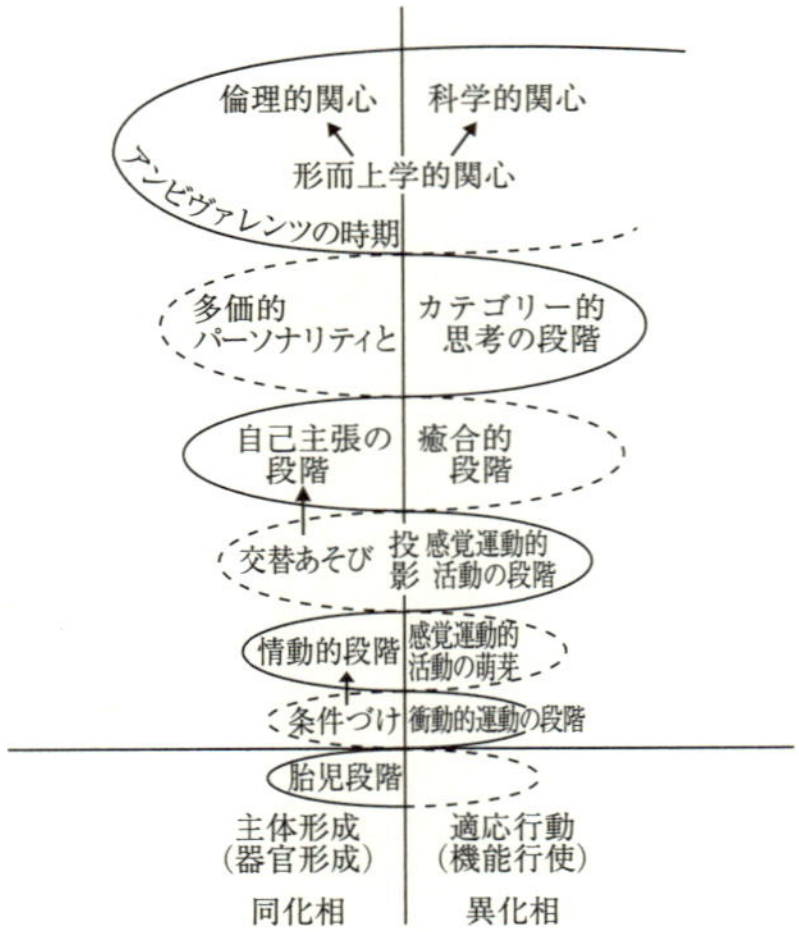

図　ワロンの発達段階論
(浜田寿美男『ピアジェとワロン』ミネルヴァ書房より)

この図に示されていることは、発達の過程とは、ある水準として括られた段階があり、つぎに新たな水準が現われてくるということ。そしてその新たな水準は直線的に進んだり、量的な拡大によってはたされていくのではなく、それまでの枠組みを基盤としながら質的な変容として現われてくるということです。ピアジェとワロンは、発達がどのようになされていくかの見解については相違があっても、質的な変容であるという点では共通しています。それをこの図は示しているということです。

教育の現場では、「発達の節目で躓いている」とか「一歳半の壁を越えられない」といった言い方をすることがありますが、ちょうどこの、質的な変容を遂げるための時期を、「発達の節目」とか「壁」という言い方で表現しているのだと考えられます。

くり返しますが、発達とは、量的な拡大を基盤としたうえではたされる、質的な変容です。

（＊1）『知能の誕生』（浜田・谷村訳、ミネルヴァ書房）
（＊2）浜田寿美男『ピアジェとワロン』（ミネルヴァ書房）「第2章　ワロンの身体論」より。

発達の節目ということ

では、質的に変容するということはどういうことでしょうか。おそらくこれは他の動物には見られない、人間にのみ特有のプロセスです。なぜ人間だけが発達とか成長というものを遂げるときに、質的な変容を必要とするのでしょうか。

最初に気づくことは、このプロセスが、すんなり進んでいくわけではないらしいということです。「節目」とか「壁」と呼ばれる時期は、ちょっとした危機とか、不安、葛藤といったものを体験しながらのりこえていく、とても特徴的な時期だという点で共通しています。

発達心理学の本を読めば必ず書いてあることですが、八ヶ月ころに人見知りが始まります。それまで慣れ親しんでいたお母さんやお父さん以外の、見慣れない第三者の存在に気づくことを、人見知りという現象は逆に示しているわけです。お母さんのもとで安心していた世界からもう少し広い世界へと移るための時期であり、人見知りはそのことによって生じる不安です。

しかし一方では、ハイハイがとても活発化し、探索行動と言われる活動が盛んになり、目が離せなくなる時期でもあります。それまで一方的に情報を受け入れるだけの存在だった赤ちゃんが、外の世界に自分から働きかけていく、そのような時期がここから本格的に始まるわけです。

あるいは一歳を過ぎるころになると歩行が始まり（つまりは移動の範囲がさらに拡大し）、喃語だった言葉が物と対応し、単語としてのかたちをとり始めます。指差しも見られるようになるのですが、指差しとは目の前の具体物を離れたあるものの〝共有〟であり、象徴操作の第一歩です。

このときもう一つだいじなことは、その前くらいから――尖指対向と言っていますが――指で物をつまむことができるようになることです。これがなぜだいじかと言えば、手や指は、幼児が外の物に働きかけていくときの重要な機能の一つですから、その操作性が高くなることは、積極的に外界とかかわろうとするためのだいじな武器となります。外の世界への好奇心や興味関心の活発化を支える身体面での育ち、他者との共有的理解が、ここでさらに加速するわけです。

そして二歳から三歳にかけて、ちょっとした反抗期になります。今度ははっきりと、我を張るというかたちで現われるようになるわけで、大人にとってはこれまでとは違ってちょっとばかりてこずるのが、この時期です。反抗は、自分以外の世界にもルールがあることへの気づきです。自分以外のルールに気づいたために、二つのルールの折り合いがつかなくなり、我を張り、反抗というかたちになるわけです。

そして、この三歳前後には、両足飛びができるとか、手すりをつかまなくとも階段の昇降ができるとか、ボールを蹴るといったように、身体機能もしっかりとしてきます。社会（他者）と自分、自分と自分という自己内の関係が始まり、語彙の獲得が一気に加速します。運動機能の基本的原型や「こころ」の原型ができあがるのがこの時期だと言われます。

ここに見られるように、ある節目を越えると、それまでとはがらりと変わっていくという印象を受けるのですが、ここで生じていることを思い切り単純化すると、つぎのような共通点として取り出せると思うのです。

ここで起こっていることは、それまでとは相反する、ときには矛盾するような新たな体制を取り込もうとしていることであり、そのことが引き起こす不安や葛藤が「人見知り」や「反抗」です。そしてこの時期を経て、がらりと変っていく、つまり質的に変容していくわけです。

「質的変容がはたされる」ことについて

こんなふうに、発達というものは、それまでのこころ体制が、相反するもの、ときには矛盾するものを取り込むことによって質的な変容を遂げていく過程であると指摘してよいのですが、だいじなことがもう一つあります。

それは、では以前の枠組みがすっかり消えてなくなるのかというと、そうではないことです。それまでのシェマも、何らかのかたちで保存されている。

もっとも安心と安全を保障していた乳児期の「母―子」二者の関係におけるこころの体験は、成長した以後もさまざまなかたちで影響を及ぼします。その影響が決して小さなものでないことは、心理学や精神医学の領域ですでに言われていることです。

言葉を獲得したからと言って、それ以前の情動的な交流が姿を消してしまうのかと言えば、やはりそんなことはそんなことはありません。言葉と情動が複雑に絡み合うことによって、コミュニケーションははたされていきます。言葉自体、どれだけ単純な一言であろうと、指し示す内容とともに、情動とか感情的なものが込められています。

また自分以外の世界にもルールがあると知っても、自分のルールがなくなるわけではありません。人間は、自分を中心とした自分だけのルールの世界（独我論的世界と言ってもいいでしょう）と、社会の中の多くの人間の一人であるという相対のルールの世界と、二つの世界を生きるという、二重性を抱えた存在です。それが、三歳以降に始まるわけです。

逆に考えれば、質的な変容をはたしてつぎの段階に移るためには、それまでの発達が十分な育ちをはたしている必要があるわけです。基盤が弱ければ、つぎの段階の変容が起こりえない、発達が足踏みをするとはよく言われますが、けだし当然。発達が単純な量的拡大ではなく、相反するものを取り込みながら質的に変容していくメカニズムであればこそです。

発達の「飛び越し」や「ばらつき」は「自閉症」の子どもたちの特徴ですが（個人内差と呼ばれています）。これはつぎに進むためには〝弱さ〟となります。だからこそ、丁寧にアセスメントをし、この個人内差を見極めることがだいじになると強調されるわけですが、しかし彼らの問題は、この個人内差の問題だけではないようなのです。

ともあれ、発達とは、それまでのシェマとは異質なもの、相反するものを取り込んで、質的に変容していくプロセスであること。変容がはたされるためには、それまでの発達の基盤がしっかりと獲得されている必要があること。質的な変容が起こった後も、それ以前のシェマが何らかのかたちで保存されていること。――発達というものを考えたとき、こうした特質が取り出せることをまずは指摘しておきたいと思います。

自閉症の子どもたちと〝発達〟

ここで「自閉症」の子どもたちに話のポイントを移しましょう。私は最初ピアジェの発達理論から入っていったのですが、読み進めるうちに、やがてある壁にぶつかりました。たいへんに精緻に描かれている発達理論ではあるけれども、このままでは、おくれのある子どもたちには適用できないということです。発達の筋道のあらましを頭に入れておくことは、間違いなくだいじなことです。しかしそれだけでは、彼らには太刀打ちができない。

「自閉症」と呼ばれる子どもたちにあってはとくにそうです。こんなことは、いまさら改めて言ということではないかもしれません。しかしたいへんに不思議でしたし、大いに悩みの種ともなったところでした。なぜそのままでは適用できないと感じるのか。このギャップをどう埋めることができるのか。少しずつそんなふうに考え始めました。

彼らの特徴とされたものを、もう一度振り返ってみます。（一）コミュニケーションと対人相互性のおくれ。（二）言葉のおくれと独特な使い方。（三）「同一性保持」とも言われる「一つの物事やパターンへの強いこだわりを示す」という特徴。もう一つ、言葉の理解や「分かり方」と、操作性や巧緻性との間にギャップが見られる、という特徴も指摘しました（四）。こうした彼らの特徴を発達という観点から見たとき、量と質の問題という共通する要因を取り出せるのではないか。

以下、そのことを述べてみます。

（一）と（二）について。くり返しますが、彼らの言葉のあり方を見たとき、単語数はそれなりに増え、一定の発話構造も獲得しますし、オウム返しやコマーシャルの模倣などになりながらも、とりあえず「言葉」らしきものが見られます。ところが、対話というかたちにはなかなか発展していきません。単語の量的な獲得や文法構造の習得と発話が、対話的応答へと転換され、「相互交流のツール」となっていくためには、何かしら、別の要因が必要なようなのです。

なにがその要因となるかは一言で言うことはできず、次回以降、少しずつお話ししていくことになりますが、もっとも基本となる骨格だけを言っておけば、「ひと―もの―自分」という三項の関係における、「やり―とり」がどこまで成立するか、ということにつきます。とりあえずここでは、「言葉の発達」がはたされるためは、語彙の量的な拡大だけでは難しいということ。この（一）と（二）の特徴はそのことを示している、ということを押さえておきたいと思います。

（三）について。前回述べたように、同一性の保持やこだわりの過半が感覚依存的でした。感覚依存的な行動をいくら量的に増大させても、「意味」のある行動へと変容させることにはつながらない、という事実にはしばしば出会います。トートロジーめきますが、行動が変容を伴わず、量的な拡大だけが進むからこそ、こだわりやパターン化といった特徴になるわけです。「意味」のある行動がどこから始まるかと言えば、やはり先ほどの「ひと―もの―自分」における「やり―とり」です。「やり―とり」という性格を現わすことによって、そこでの行動や活動の「意味」もはっきりと現われてきます。

そしてもう一つ、前回、パターン化や同一性へのこだわりは、行動を変化させることの難しさに直結し、一般化や応用の難しさとなる、とも述べました。ここは彼らにとって最大の難関です。変化への対応とか応用とは、それまでに獲得した行動パターンをもとにして、状況に応じた転用を図ることです。あるいは、自分なりのパターンとして変容させ、それを定着させていくことだと言ってもいいのですが、やはりここでも行動の量的な拡大を質的に変容させていく、という問題が現われてきます。

（四）作業的活動や操作性と認識とが結びつかない、というギャップの問題。ここには、彼らの注意（認知）が「部分」に集中し、その「部分」を「全体」のなかでとらえ返したり、位置づけたりすることの難しさという固有の問題が関連しています。「全体」のなかでとらえ返すとは、手や身体活動の技能的スキルの量的拡大を認識（理解）と相乗的に絡ませながら、活動（行為）を質的に変えていくことにつながるはずなのですが、その難しさなのだと見ることができます。

このように、**彼らの特徴や発達におけるつまずきは、量的な拡大を、質的に変容させることの困難を示したものではないか。量的な発達においてはそれなりの育ちを見せていく。しかし量的な獲得を基盤として質的に変容させていくことの困難**。この点が、「自閉症」と呼ばれる子どもたちの、発達という観点から見たときの特徴だと言えるのではないかと思います。そしてこの発達における質的変容の困難が、関係のおくれとか社会性のおくれ、という問題に潜む中核の問題のようなのです。

知的障害やダウン症の子どもたちは、全体的に緩やかな発達を見せます。緩やかな歩みではありますが、質的な変容もやはり見せていきます。ここが自閉症の子どもたちとの最大の違いではないかと考えられます。

二人のケースから

発達における質と量の問題は、私にとっては「自閉症」の子どもたちについて考えるときの大きなポイントでした。ピアジェの発達理論がどうにもうまく適用できないのはどうしてなのか、という疑問から始まり、初めに理論ありきではなく、子どもたちとの実際のかかわりのなかで少しずつ気づいていったものでした。私自身はそんなに難しいことを言っているつもりはないのですが、うまくお伝えできていないかもしれません。具体例を出してみましょう。

中学部時代、木工の作業に取り組んでいました。その一つに、「ベンチづくり」という題材がありました。板や角材を切り落とし、座板（座る面）を組み立て、四本の脚を補強して最終的な組み立てをし、ペンキを塗って仕上げをする、という手順で進みます。切る、打ち付ける、ペンキ塗りが活動の中心です（その他、板に切り込み線を書いたり、クランプでとめたり、ハンドサンダーで磨く、という活動もあるのですが、こちらは省きます）。

ある年、二人の子を担当しました。一人は「自閉症」という診断が付いていて、言葉の理解が難しい子で、視覚による補助を使ったり、いくつかの工夫を必要としました（A君としましょう）。もう一人は知的障害で、A君よりも少し理解が進んでいますが、発語に関しては、不明瞭な単語が数語という子です（こちらをB君としましょう）。

共通点は、二人とも、手を使った活動が苦手なことです。ちょっと不器用なのです。最初は、のこぎりの使用も、金槌を使ったくぎの打ちつけも、ほとんどできませんでした。A君のほうは、道具をもたせて十秒もすると、目が手元から離れ、上体揺らし（ロッキング）の常同行動が始まります。B君のほうは苦手意識からか、ときどき道具を放り出し、やりたくない、とストライキを起こします。

二人に、以下の手順を踏んで進めました。

板の切り落としは、私があらかじめ三分の一から半分ほど切っておき、それを切り落としてもらうようにしました。くぎ打ちも、こちらが半分ほど打ち込んでおき、それを打ってもらいました。目と手に注目せよ、というのがポイントです。ゴムのマットを手ごろな大きさに切り、真ん中に丸い穴を切り抜き、くぎを打つときの目印としました。これが第一段階です。

第二段階。私の切り込みを減らしていきました。くぎ打ちも、ドリルで小さな穴をあけておき、そこに自分で差し込んで打ってもらうようにしました。A君の常同行動は、減ってはいますが、どうしても活動の途中で手元から目が離れ、目が離れるとロッキングが始まります。切り終える（打ち込み終える）まで目を離さないように、というのが目標でした。手元さえしっかり見ていれば打ち損じも少なく、最初に考えていたよりも道具を使う力は弱くなさそうだ、ということがわかっていきました。

B君のほうは、切り込んでいく線が曲がり、途中で角度を修正する必要がありましたし、くぎを折ったり、打ち損じて飛ばしたりすることも少なくありません。しかしそれでも、ぐずってストライキを起こすことは見られなくなっていきました。

第三段階。打つ、切るに関しては、A君はだいぶ上達しました。板の切りおとしは、少しだけ切りこみをつけておく程度で済むようになりましたし、くぎ打ちも、自分で穴を確かめてくぎを置き、打ち付けることができるようになりました。失敗もほとんどありません。

B君のほうは、技術的な上達に関しては相変わらずいま一つですが、ここから少しずつB君らしさが発揮され始めます。板の切り込みも、くぎ打ちも、私（佐藤）の手伝いは要らない、A君と同じように自分でやりたいと訴え始めたのです。

そこでB君には、失敗したり困ったときには無理に進めない、私に伝える、などといったことを約束してもらいました。見ていると、つい手を出したくなってくるのですが、本人なりにやっているので、任せていました。

そして第四段階。最小限の準備をしておき、今日はこれだけの枚数の板を切り、切り終わったら打ってくださいと、最初に仕事量を示し、手を出さないようにしました。二人とも、手順は分かってきましたので、自分で進めて行きます。

さて、このあたりから、二人の違いがはっきりと現われてきます。技術的な点を見れば、A君のほうが打ち損じや切り損じは少ないですし、仕上がりはきれいです。B君のつくるベンチには、傷があったりくぎの折れ曲がりがあったりと、奮闘のあとがあちこちに刻まれています。しかしB君には技術的な弱点を補って余りある強みがあります。それは意欲が出てきたことです。ペンキを塗り終え、完成品を見たときのうれしさが、それ以降の彼を、さらに積極的に取り組ませていくことになったようなのです。

二人の変化の特徴

二人の変化を、もう少し丁寧に比較してみましょう。

打つ、切る、のほかに、板に線を引く、板をクランプで止める、くぎ打ちする前にボンドを塗る、脚に使用する角材に、くぎ用の穴をドリルで開ける。こうした細かい作業が他にもあり、それらは手伝っていたのですが、B君は、自分でやると言い出しました。すべてを任せるとなると、段取りを少し変えなければならなくなるのですが、せっかくそう言うのだから、とやらせてみることにしました。

もう一つ驚いたことがあります。金槌には、打ちつけ用の平らな面と、仕上げ用の丸みを帯びた面の二種類があり、仕上げの打ち込みは私がやっていたのですが、彼はいつの間にかそれを観察していて、自分で金槌の面を変えて、仕上げの打ちつけをやっていたのです。つまり、形だけであったとしても、彼なりに「仕上げる」ということを意識していたことを示しています。他にも、板に線を引くとき、補助用の教材ではなく、本物の〝差し金〟を使いたいとか、クランプの大きさを用材に応じて変えたいとか、関心をもっていろいろなことに目を向けていたのが分かります。

ここでB君が見せている変化は、技術の習得という点から見れば、A君には及びません。しかし彼の行動は変容しています。興味・関心のあり方が広く、旺盛になっただけではなく、そのことがさらに動機づけとなり、自分で一通り仕上げたいとか、補助用の教材ではなく、本物の道具を使いたい、という意思をはっきり示すようになったのです。知的なおくれがありますから、全体的には緩やかな歩みではあるのですが、しかし当初と比較すると、質的な変容だといってよいものです。

一方のA君はどうでしょうか。先ほども言ったように、道具と最低限の準備をした材料を用意してさえおけば、自分で進めることができます。仕上がりもきれいです。一年もたたないうちに、ここまで到達したことは称賛に値します。しかしこうした技術の習得が動機づけとなって、つぎの活動に向かう力となって現われているかといえば、それはなかなか難しいのが現状です。

むろん彼にも変化はあります。「切る―打ちつける」という活動に「線を引く―切る―打ちつける」と加え、さらに「線を引く―切る―磨く―打ちつける」というように手順を増やしていっても、間もなく習得していきました。もし技術的な正確さをさらに求めたとしても、A君は向上するはずです。

しかし一方で、手順の拡大や技術の上達を基盤として、行動の変容へとつなげていくためにはどうするか。B君のように、自分なりに仕上がりの良さを求めたり、手順を工夫したりする力はどのようにすれば獲得するのか。ここにA君はじめ、「自閉症」の子どもたちの難しさがあります。

量的拡大が質的変容に転換していかない難しさ、これが「自閉症」の子どもたちの発達という観点から見たときの特徴だと述べたのですが、ここに取り出した二人の比較で、いくらかイメージをもっていただけたのではないかと思います。

技術や操作性は向上します。手順さえ適切に示すことができれば、活動も自立していきます。しかし、そのことがなぜか、目的を理解して自分なりに工夫していくとか、自己評価を高めたり、もう一つ高次の動機の形成につながっていきにくいのです。こうしたケースには山のようにぶつかります。ここに見られる違いをどう考えたらよいのか。そのときにたどりついたのが、発達における量的拡大と質的変容の問題だったのです。

行動の特徴と「脳損傷＝自閉症論」について

ここで、「脳損傷＝自閉症論」について補足しましょう。

ここまで、常同行動やこだわり行動、パターン化といった彼らの行動の特徴が、感覚（知覚）に大きく依存している、ということをお話ししてきました。この特異さが強く印象づけられるゆえに、「脳損傷＝自閉症」という論理図式が疑いのないものとして受けとめられてきたのではないか、とも述べました。

二回目に、しかし私は、脳のどこかが損傷していて、それがダイレクトに「自閉症」という症状を現象させるという「脳損傷＝自閉症論」は、原理的に成り立たないと考えていると言いました。私の仮説からは、つぎのような理屈になるからです。

くり返しますが、彼らの関係発達のおくれや、行動の特徴（いわゆる症状）は、発達の全体的な構造にかかわる現象である、というのが私の出発点でした（だからこそ、〝発達障害〟なのです）。ということは、私の仮説に立てば、発達というメカニズム全体が、まずは脳神経学的に説明できなければなりません。発達という現象が、「脳」のどのような変化によってなされるのかという基本的な解明です。この点が一つです。

さらにその上で、脳の「損傷」が、発達の基本的メカニズムに対してどのような影響を及ぼすことで「自閉症」という特徴を生み出すのか、この点が説明されなければなりません。この二つの基本原理が説明できない限り、「脳の損傷＝自閉症」とダイレクトに結びつける考え方は成り立たないという結論が導かれます。このことが一つです。

常同行動もこだわり行動も、乳幼児のある時期に色濃く見られるものですが、やがて通過していきます。通過することによって、社会的・文化的に意味がある（とされる）行動に移っていきます。「自閉症」の子どもたちの感覚依存的行動は、発達のある段階に踏みとどまっていることによるものなのですが、なぜ踏みとどまってしまうのかと言えば、従前のあり方（シェマ）を保存しようとする作用を強く受けてしまうからです。この〝保存〟が強くはたらくゆえに、質的な変容をうまくたどることができない、という現象をもたらすことになると考えられるのです。

常同行動やこだわり行動、パターン行動とは、質的な変換をはたすことが困難であるゆえの、彼らなりの対応策です。質的な発達変容を促す力に対する反作用であり、そのことがもたらす不均衡や不安に対する対応の手段である、と言えるのではないかと思います。言い換えるなら、**発達というメカニズム全体がもつ特質そのものによってもたらされる現象なのです。**

人が人間となるために求められる発達とは、言ってみれば生物存在から社会的・文化的存在に変容するための過程であり、そうであるがゆえに矛盾をはらんでいます。矛盾や不均衡に直面し、それを取りこみ、克服していく過程を発達だとするならば、彼らの特徴とされる行動の要因は、まさにこのこと自体に、つまり彼らもまた発達という課題に直面するゆえに生じるのだと考えられます。

「脳損傷論」がこのような発達のプロセスを解明できるのか、発達とともに形成される彼らの多彩な在り方を、脳損傷という因果律で説明できるのかといえば、私はたいへん懐疑的です。人間の発達はとても複雑なものであり、単純な因果律ではとても解明しきれるものではありません。したがって、「脳」の何らかのダメージは、促進要因ではあるが、基本要因ではないと考えるのが理にかなっているということになります(*)。

発達における量的拡大を、なぜ質的に変容させることが難しいのか。またそのことが、どんなふうに関係や社会性のおくれという問題につながっていくのか。次回以降、少しずつこの問題に触れていきたいと思います。

（＊）京都大学の十一元三氏は「自閉症論の変遷」という論文で（『こころの臨床』二三巻三号二〇〇四・九星和書店）、神経学的仮説がどう変遷したか、たいへんコンパクトにまとめています。それによると「1．脳幹障害説」低覚醒状態や過覚醒状態に着目し、脳幹部に起源をもつ「上行性網様体賦活系」の機能不全仮説。「2．海馬障害説」記憶成績低下のパターンが健忘症候群と類似していることから、海馬の障害を疑った仮説。「3．小脳障害説」手足の協調運動の劣悪や平衡感覚の機能不全に着目した仮説。「4．前頭前野障害説」実行機能、記憶処理、ワーキングメモリーの低下に着目した仮説。十一氏ご自身は、これらの神経学的仮説は『対人相互性の障害』という中核問題については明確な説明がなされていない」とし、「扁桃体―辺縁系障害説」の可能性を探っています。

▼第五章

「パニック」をどう考えてきたか

予めお伝えしておきたいこと

これまで皆さんから戴いた感想のなかに、パニックについてもっと話を聞きたいというものがありました。前回、とても理屈っぽい話になってしまったことでもあり、今日は「パニック」について少し話してみたいと思うのですが、じつのところ、最後まで迷いました。

というのは、どうしても話が具体的になってしまいますし、プライバシーの問題はもとより、それ以上に、誤解を招きかねないという危惧をもっているからです。こちらの意図にかかわらず、細かに話せば話すほど、「自閉症」の人たちは何をするかわからない、急に暴れるのではないか、怖い、といった印象を与えかねないわけです。彼らと付き合うのがどれほど厄介か、という点だけが伝わらないともかぎりません。親御さんたちにとっても、何でこんなことばかり強調するのかと感じ、不本意なはずです。こうしたいくつかの心配があって、じつは、できれば触れずに済ませたほうがいいのではないか、と迷いつづけてきました。

しかし一方、激しい混乱を見せたり、パニックになったりする子にどう対応するか、どう考えるか、ということは私にとってはもっともだいじな課題でした。エネルギーの過半を注ぎ込んだと言っても過言ではありません。当たり障りなくやろうとか、逃げ腰の対応になったら、まず太刀打ちできない問題です。こちらが本気になったからと言って簡単に解決する問題ではありませんし、「対決的姿勢」でぶつかるなど、百害あって一利なしです。しかし、逃げてはいないよ、ということは、上手に伝える必要がありました。

パニックになっているときは、周りもたいへんですが、それ以上に辛いのは本人です。理由が何であるにしろ、たいへんな混乱状態になっているわけですから、本当に辛いだろうと思うのです。ですから、最良の手立てがあれば、できるだけ早く鎮めてあげるのが良策ではないかと考えてきました。したがって何らかのかたちで関与していくことになるわけですが、先ほども言ったように、そんなに簡単にいくわけではありません。こじらせたり、せっかく収まりかけたのに、下手な対応をとったばかりに元の木阿弥状態になってしまう、そんな失敗は少なくありませんでした。

また、お母さん方にとってもとてもたいへんです。子どもが年齢を加え、身体が大きくなればなるほどたいへんさは増していきます。そんなわけで迷いに迷ったのですが、何かしらの一助ともなればと考え、お話ししてみようと決めたしだいです。

ただしこれから話すことは、あくまでも私だけの「個人的な体験」です。パニックにどう対応するか、一般的解答はないのだと思います。子ども自身の性格や生活背景、私という人間の考え方や性格、そこから生まれる個別の関係、一緒にチームを組んでいる同僚教員との連携プレーのあり方。こうした諸々の要因がそこには含まれています。一人ひとりのかかわりにおいてそれらは異なりますから、一般的解答はないと考えたうえでお聞きなっていただけたらと思います。

C君について

ここでは一人の子に登場してもらいます（言うまでもなく、私がこれまでかかわってきた子を何人か合体させた架空の存在です）。

彼は四人兄弟の二番目。上がお兄さんで、下に弟と妹。お父さんは職人さんで、物静かですが、彼をよく可愛がりながらも、しかし筋を一本通したかかわりをしていることが分かりましたし、彼のほうも全幅の信頼を置いているようでした。お母さんは専業主婦です。控え目ではありますが、いろいろと目配りや気配りをしている。そんな印象をもっていました。

C君の特徴をひと言で言うと、たいへんにやんちゃな子です。小学部六年生のとき、私のほうは中三の担任でしたが、小学部の担任が彼の名を大声で呼び、追いかけているのをよく目にしていました。次年度、私はたぶん彼の担任になるだろうと思っていましたので（小学部の教員たちから、半ば冗談で「来年はC君の担任だね、よろしく」などと言われ、「こちらもいまから楽しみにしているから」などと答えていました）、少しずつ事前観察をしていたのです。

とにかく動きが素早い、目ざとくて機転が利く、好奇心旺盛でいろいろな物事に関心を示す、そんな様子が窺えました。観察しているうちに感じたことは、後手に廻ったらだめだなということでした。かといって押さえつけよう、つかまえていようとすると、逆効果のようなのです。見守り、待つ、自由に活動する、ということと、後手に廻らないという二つをどう両立させるか、その辺が勝負どころだな、というのが事前観察から得た結果でした。そして年度が代わり、晴れて担任になることができたのです。

付き合ってみてすぐに気がついたことは、やんちゃではあるけれども、筋の通る子だということです。たしかに怒るときは、半端ではない怒り方を見せます。しかし納得したときには、分かったという表情や素振りを見せ、その筋は通します。三年という長い期間を彼と付き合うことになったのですが、中三になったときには、やんちゃなところを遺しつつも、すっかりいい若い衆になったな、と感じさせました。骨っぽさのある若い衆です。女子教員には人気があって、シブイ男の子になったね、などと声をかけられていましたし、なかには私と彼とを見比べながら、佐藤センセイよりよっぽど色っぽいね、などと不届きな（笑）ことを言う教員さえいました。

もう一つ事前情報としてお伝えしておきたいことは、最初の家庭訪問の際、お母さんより、彼のやんちゃがエスカレートしたのは、下の子が生まれたあとからだということをお聞きしたことです。

私は心理の専門家でも医者でもないので迂闊なことは言えませんが、この話にはピンと来るものがありました。妹や弟が生まれた直後から、それまでにはなかった退行現象を見せる子を何人か見てきたからです。排泄の失敗などする子ではなかったのに、失敗が増えるとか、一緒に行動するさい、ぐずってしゃがみこみ、ガンとして動かなくなってしまうとか、急に多動になるとか、そんな例をいくつか見てきました。

お母さんにそうした例がままあることを伝え「彼としてはうまく受け入れられずに、納得できなかったのかも知れませんね」と言うと、「お医者さんからもそう言われました。事前に、ちゃんと説明しなかったのではないですかって」という答えが返ってきたのです。これはだいじなヒントになるな、と思えました。

それまでも対応が難しい子とは何人か付き合ってきたのですが、必ず最初に観察することがあります。それは安心や信頼の基盤となる二者の関係（基本的には母―子の関係になります）が、どこまでできているかということです。

関係の基盤が弱い、そこに難しさの根っこがあると感じさせる子の場合、少しでもその基盤を取り戻していくような、時間をかけた丁寧なかかわりが出発点になります。その基本がある程度しっかりしていて、難しさの要因が他のどこかにありそうだと感じられるときには、また別のかかわり方になります。比較的に、つぎのステップに移りやすいのです。

数値で表せるものではありませんし、どう見極めてきたか、なかなか客観的に説明するのは難しいのですが、お母さんがどう対応しているかを観察したり、生育史に関する資料を集めたり、本人の行動を探っているうちに、やがて違いが分かってきます。そしてA君の場合には、後者なのではないかという見通しを（むろん即断することはできませんが）、ここでもつことができたのです。

どこからはじめたか

こうして彼との付き合いが始まるわけですが、最初の一ヶ月ほどは、後を追いかけ、あちこちにお詫びをして回ることが私の仕事でした。突然事務室に駆け込んで、コピー機を動かす、学校印の入った箱を引っ繰り返す。保健室に飛び込み、資料を引っぱり出す。バスから降りた途端、そばの教室に行って、種を植えたばかりのプランターの土を振りまく。あれやこれやと「めでたきこと」のオンパレードでした。どうしても教室に入ろうとしないので追いかけていると、中庭に回ってジャングルジムに登っていき、てっぺんから私をめがけてシャワー、などということもありました。

よくもまあと思うくらい、とにかくいろんなことを思いつくのです。発語もありませんし、一般的には重い知的なハンディをもっている「自閉症」の子、ということになるのでしょうが、いかによく周囲を観察しているか、どこに何があるかを理解しているか、よく分かりました。

他の子に手を出すことがない限りは叱らない、と腹を決めていましたから、「めでたきこと」のあとは、「はいはい、片付け片付け」となだめたりすかしたりしながら、一緒に後始末をします。彼には気に入りませんから、途中で怒り出すこともあります。全部片付けるまでこちらも譲らなかったり、適当なところでもういいよと声をかけたり、ころ合いを見はかりながらの対応でした。当時、担任間で「おさわがせしております」の旗でもつくってもって歩くか、などと笑いながら話していました。

あるとき、やりたい放題させすぎているのではないか、担任はちゃんと指導しているのか、とさすがに気になったのか、小学部のある教員が寄ってきました。そして私に、彼は人を見る子だ、小学部時代は、X先生の前に出ると借りてきた猫のようになっていた、最初が肝心、びしっとやったほうがいい、とアドバイスしてくれたのです。ハイハイなるほど、そうですね、と聞いてはいましたが、内心では、こちらにはこちらのやり方があるから、と聞き流していました。

私たちが何をしようとしていたのかといえば、基本的な関係づくりです。言葉にすれば共感関係とか信頼関係という当たり前のことになるのですが、まずは彼に信頼してもらわないといけません。彼のほうは、こいつ（佐藤）がどこまで信用できるか、いろいろと探りを入れているわけです。こちらとしても、いちいちヒステリックに反応しない、多少のことでは動じない、と腹をくくり、できるだけはやく行動パターンをつかんで、対応が後手に廻らないよう行動をマッピングしたり、どこで、どんなときに怒ってパニックになるかなどなど、観察していたわけです。

このとき三名でチームを組んでいましたが、他の教員にもこうした基本線は了解してもらいました。当然、教員一人ひとりに個性がありますし、考え方も違います。プライドもあります。すべてこちらの考え方ややり方を踏襲してほしいということではなく、実際の場面での対応は任せるけれども、基本線だけは共通了解してほしいということです。なかなか難しい面もあるのですが、まずは基本的な関係づくりがだいじだからという点はくり返し確認していました。もう一つは、周りから色々と言われることがあるかも知れないけれども、気にしなくてもいいと思う、ということも伝えていました。

最終的な目標としたこと

こうした彼に対し、私たちが何を願っていたのか、最終目標をどこに置いていたのかと言えば、自律してほしいということです。大人の誰かが常時張り付いて目を光らせている状態から少しでも脱してほしい。目が離れても、お互いに安心していられるようになってほしい。やんちゃな子で、気性も結構激しい。いつ何をするか分からない。だから手をつかんで管理していないといけない。どう管理するか。ついそう考えがちなのですが、これでは発想が逆です。

やんちゃで目が離せない子だからこそ、どうやって目が離せる状態にもっていくか。一人で自由に行動できる時間を増やすか。自由な時間が増えたほうがお互いに楽に過ごせるわけです。どう管理するかではなく、どう管理を減らしていくか。押さえつけようとしていることが分かれば分かるほど、彼のほうは反発を強くし、隙を見て飛び出していく。さらに管理が強くなる。ますます反発し、そして爆発する。これでは悪循環です。

結果的には「めでたきこと」になって大騒ぎするけれども、そうした彼の行動は、好奇心が旺盛でいろいろなことに関心をもつゆえではないか。あれこれ言われるよりも、まずは自分でやってみたいというタイプの子どもなのではないか。そう考えたのです。

しかし彼に自由に行動してもらうためには、ルールというものがあるのだということを理解してもらい、お互いに共有する必要があります。そのためにも、まず私たちのほうが、彼に信用される必要があったわけです。ルールを共有していくプロセスを説明すると、つぎのようになります。

校内での移動や学校の外に出たとき、どうやって手をつかんでいなくとも行動できるようになるか。まず、手をつなぐにしても、少しずつこちらの力を抜いていくようにしました。彼のほうが私の手をつかんでいる、という状態にもっていこうとしたのです。最初は逃げ出します。それでも連れ戻してきて、彼につかんでもらう。

こちらが強く手を握っていなくても平気だ、という段階になったとき、つぎは肘とか袖をつかんでもらうようにしました。上着の裾とかですね。やはり最初は隙を見てダッシュをかけてきますが、同じことをくり返します。そしてここがクリアできたとき、もう手を放しても大丈夫、あるいは友だち同士で手をつないでも大丈夫、ということになりました。

ここまで来るのに、二年近い時間は要したと思います。こんなふうにして生活全体、学習全体を通して、どうやって捕まえっぱなしの状態から離れていられるようになるか、という試みをつづけていったのです。

信頼関係とは一方的なものではなく、双方向的なものですね。心理療法に「受容」という言葉がありますが、受容とはこちらが一方的にするものではなく、子どもたちのほうも私たちを「受容」してくれないことには、受容関係は成り立たないということです。少なくとも子どもとの関係ではそうです。双方にとって「受容すること」が受容されること」、「信頼することが信頼されること」といった関係となることです。そしてここでのプロセス、つまりルールが共有されてくプロセスとは、お互いに信頼関係が共有されていくプロセスでもあったわけです。

初めのほうで、お母さんのお話を聞いて、お母さんとの関係（二者の関係）という基盤はできている、と述べました。関係づくりをしながらルールの共有を図るという課題に移ることができたのは、ここがしっかりしていたからこそです。このルールづくりが一つ目の目標でした。目標としたことは、もう一つあります。基本的には信頼関係とルールづくり、という考え方の延長ですが、つぎのようなことも願っていました。

一年目は私がキーパーソンとしての関係づくりをする。一方、私がいないとたちまち「めでたきこと」の多いC君に戻ってしまうようでは、結局、元の木阿弥です。二年目は、もう一人の担任にキーパーソン的役割を移していき、私のほうはできるだけ後方に引いていく。三年目は、私が一日教室を空けても、とくに大きな「めでたきこと」もなく過ごせるようになってもらう。こうした三年間の見通しをもって、臨んでいたのです。

私が自分で勝手に、彼の担任を三年つづけると決めていたのもへんな話なのですが、とても幸運だったことは、このような私の考えをよく理解し、三年間同行してくれた担任がもう一人いたことです。そして三年目は、そちらに任せても安心できるほどになりました。

これが彼との三年間の、基本的なかかわりのあらましです。

パニックの原因

さて、つぎは今日の本題であるパニックについてお話しします。

結論めいたことを先に言えば、彼が怒ってパニックなるときというのは、六つほどの類型があることを少しずつつかんでいきました。

どこで、なぜパニックになるのか、必ず原因があるわけです。こだわりや常同行動についてどう観察し、どんなふうに対応してきたかは、前々回、お話ししましたが、その観察や対応のもう一つの大きな目的は、まさにパニックに対してこちらがどんな対応策をとるか、そのための準備でもあったのです。

彼の行動を観察し、予測し、ああでもないこうでもないと仮説（見通し）を立て、試行錯誤をくり返しながら、どうもその原因が六つくらいに分けられそうだということに少しずつ気づいていったわけですが、最初にその六つの類型を示してみます。

一つは、**こだわりやパターンが阻止されたとき**です。彼はこだわりの強い子でしたが、それが制止されたとき。

二つ目は**知覚・感覚の過敏さや偏りに関するもの**。

三つ目が**見通しが持てず、エンドレスに似た状況のなかに置かれたとき**。**我慢が限界を超えたとき**です。

四つ目が、**そばにいる大人がキーパーソン的役割をはたすことができないために、苛立ちを強め、それが限界を超えて混乱に追い込まれたとき**。

五つ目が、**プライドを傷つけられたことへの怒り**。

六つ目が、これはどうしても理由が分からなかったので推測になりますが、**嫌な記憶を突然思い出すのではないかと考えられたとき**。

これは彼との三年間のなかで、なぜ、どこで、どのようにパニックが起きるのか、観察したことを分類したものですが、どうして原因を探ることがだいじなのかと言えば、原因をつかむことによって、こちらの対応が後手に廻ることが減っていくからですね。パニックに陥りそうな状況をあらかじめ回避し、事前に何らかの手を打っておくことができるようになるわけです。

不思議だったことは、こちらが原因を理解するようになるにつれ、彼のほうも安定していったことです。皆無というわけにはいかなかったのですが、回数が少しずつ減っていき、立ち直りの時間も早くなっていったことは観察されましたし、当時の記録にもそのことは記載されているはずです。

ところが、どうしても理由が分からない、というときがありました。朝の支度を一通り終えた後、急に険しい顔になって教室を飛び出していく。家庭からの連絡ノートを見ても、とくに変わったことがあったとは書かれていない。バスの運転手さんや介助員さんに聞いても、バスのなかで怒られたとか、友だちとのトラブルがあったわけでもない。体調も、とくにどこか悪いわけでもなさそうだ、どうしても原因が突き止められない、ということが何回かあったのです。

いまでこそ、「自閉症」の子どもたちに記憶のフラッシュバックが生じることは広く知られていますが、十四、五年前の当時、そんな知識はありませんでした。ただ、知覚の偏りや記憶の独特さには気づいていましたので、その辺に原因があるのではないか。以前怒られたとか、嫌な体験をしたとか、不快な記憶を突然思い出すのではないかということは、担任のあいだでは話題として出されていました。それ以外に、思い当たることがないのです。これが六番目としてカウントしたものです。

くり返しますが、ここに取り出した六つの類型は、最初にこうした理屈があってそれをあてはめた、というものではありません。あくまでもC君の行動を観察し、仮説を立て、何度も何度も試行錯誤を経て至りついたものだということです。

以下、手短に、一つひとつがどんな様子だったかを述べてみたいと思います。

こだわりとパニック

一つ目の、こだわりが阻止されたとき。

彼は多くのこだわりをもっていました。同じものが長くつづくこともあれば、一つ消えると、別のものがつぎに現われてくるということもありました。一つだけのこともあれば、複数のこだわりが並行してつづくこともありました。給食のとき、食管の中のご飯が無くなるまでよそう。靴紐を結べなくなるまで結ぶ。シャツを噛む。濡れた衣服はすぐに脱ぐ。排便の際、トイレットペーパーを山のように引っ張り出す。洗剤やサラダ油など、容器に残っている分をすべて空けようとする。木工作業室や養護訓練室など、電気がついていると消そうとする。……

それからこれは、音か痛覚といった自己刺激へのこだわりだと思われますが、掌で机などを強く叩く行動も長くつづいていました。教室のカセットデッキやティッシュペーパーなどの位置が気になり、朝、教室に入るなりチェックし、違っていると元に戻す、ということをくり返すこともありました。紙をもたせるとなぜか破いてしまうことがつづいた時期もあります。

こだわりがどう現われるかは、心身の状態を示すバロメーターでした。気候の変化が体調に及ぼす影響は小さくないらしく、季節の変わり目、梅雨時、冬場などはとくに調子を崩しやすく、気持ちも不安定になります。大きな行事が近づいてきたときも、落ち着かなくなってしまいます。たぶん気づかないうちに、こちらのテンションも上がっているのでしょうね。体調がすぐれなくなればなるほど、こだわりも強くなるようでした。

基本的には、周囲に迷惑を及ぼさない限りは緩やかな対応をしていましたし、こだわりの対象それ自体が目に入らないようにする、という点も心がけていました。ところが、場合によっては、どうしても制止しなければならない事態が生じます。そんなときには、譲らない、という意思を伝えなくてはなりませんでした。

たとえばこんなことがありました。給食の後、歯磨きをするのが日課です。あるとき、歯磨きが終わると、ぱっと教室に走って戻っていきます。最初は気に留めなかったのですが、何度目かのときに、はっとしました。

追いかけてみると、教室ではなくトイレに入って、歯磨き用のコップで遊んでいたのです。それが黙認できる遊びであれば何事もなく済んだのですが、どうしても見逃すことのできないものでした。どんなきっかけで、いつごろから始まったのかは分かりませんが、すでにこだわりになっていて、彼のほうはガンとしてつづけようとします。しかし、つづけさせるわけにはいきません。

力ずくでもコップを取りあげようとする私と、拒む彼とのあいだで、揉み合いになりました。

そのとき中二でしたから、ずいぶんと身体も大きくなり、力も強くなっています。ぼやぼやしていたら、それこそこちらが吹っ飛ばされてしまいます。

しばらく揉み合った後、コップを取り上げた私は、踏みつけて粉々に割りました。そして「トイレで、コップで遊んではいけない。もうこのコップは使えないし、使ってはいけない」と、少し大きな声で伝えました（「コップで遊ぶ」は別な言葉が入るのですが、こうした表現に留めます）。納得できない彼は、再び私に向かってきます。

この様子を第三者が見たら、つかみ合いの喧嘩をしているように映ったかもしれません。怒りが嵩じて激しい混乱状況になったとき、放っておくとエスカレートし、さらに混乱して自傷や他害に転じていくことになります。とにかく動きをストップさせることが、ここでの目的です。

つかまえ、抱きかかえたところで、表情を見ながら「これ以上暴れなかったら手を放す、暴れるんだったら、もう少しこのままでいてもらう」と伝えました。振りほどこうとして揉み合いの状態がつづきますが、暴れないという意思が確認できたところで、少しずつ体の力を抜いていきます。

この日はこれで収まってくれたのですが、コップへのこのこだわりが終わったわけではありません。二日目も歯磨きのあと、彼はトイレに駆け込もうとします。こちらは予測していますから、すぐに手をつかんで制止します。彼は怒ります。いくら怒っても、認めるわけにはいきません。

三日目、四日目とたつうちに、怒り方が少しずつ軽減していきました。短時間であきらめてくれるようになったのですが、一週間から十日間は注意深く観察している必要がありました。こちらが忘れたころに、隙を見て、再開することがあるので、ときどき、ちゃんと見ているから、と目配せをして、彼に伝えていました。

こだわり行動というのは、本人の意思を超えた行動です。それを押し留められることは、たいへんな苦痛や不安、場合によっては恐怖に近いものを感じるのかもしれません。力と力のぶつかり合いによって阻止されることは、彼にとっては屈辱を覚えるでしょう。避けるにこしたことはありません。

しかし、このケースのように、どうしても認めることができないこだわり行動が出現することがあります。それがいつ、どこで、どんなものとして現われるかは、こちらには予測できません。できることは、なるべく早く気がつくことでしょうか。長引けば長引くほど、強く固着することになり、対応の難しさも増していきます。

認めることができない、というその度合いも、場合によって異なります。前にも述べましたが、濡れたら衣服を脱いでしまうという場合であれば、人のいない場所で着替える、ということを理解してもらいながら対応していくことになります。靴紐を最後まで結んでしまう、というこだわりであれば、自分の靴であればやってもよいが、他の子の靴はやめよう、ということを伝えながら対応していくようになる、といったように、本当にケースバイケースです。

ここでは、どうしても認めることができないこだわりを制止されることによるパニックを紹介しましたが、基本は、力と力のぶつかり合いをどう回避するか、です。こだわりが生じない状況をどうつくるか。そのことをたえず念頭に置いて対応していたのだということは、お伝えしておきたいと思います。

感覚と知覚の問題

つぎは感覚や知覚に関するものです。

感覚の偏りについても、C君にはいくつかの特徴が見られました。衣服の濡れ。肌が直接濡れたり汚れたりしても気にしないのに、衣服の濡れにはたいへんに敏感でした。それから特定のあるものへの恐怖心の強さ。

木工作業室に吸塵機が設置されているのですが、これが作動すると、吸塵の袋が大きくそそり立ちます。彼はこの袋がどうしても怖かったようで、機械音が鳴り出したとたん、木工室を飛び出していきます。授業の最初のころは木工室に入れず、離れた廊下で作業をしていました。時間をかけて近づいていき、やっと入れるようになったのですが、誰かが機械を動かさないかと絶えず確認しながらの授業でした。なるべく授業中は動かさないようにし、作動させるときにはC君に予め伝え、緊急避難してもらうことにしました。それから高所も苦手でした。ジャングルジムとか教室の掃除用ロッカーの上には平気で登るのに、臨海学校で出かけた室内プールのスライダーには、とうとう上っていけませんでした。

極めつきは、中三の修学旅行で箱根に二泊で出かけたときです。小田原から箱根登山鉄道に乗ったあと、大涌谷方面に向かってロープウェイで移動する、というスケジュールでした。ロープウェイに乗るところまでは、駅から駅への移動で、とくになんということもない普通の様子でした。ところが動き始めていくらもいかないところで、いきなり私の手を握り、もう片手で私の肩をつかみ始めたのです。

どうした？　と思っていると、あっという間に掌が汗ばみ始めました。そうとうに怖そうなのです。外を見なければいいと頭を抱きかかえたのですが、見ずにはいられないのか、おっかなびっくり横目で窓の外をうかがっています。私のほうは、こんな場所で大騒ぎなったら箱ごと落ちるかもしれない、などと内心ではヒヤヒヤしていました。数分の運行だったはずですが、とても長い数分でした。降車場に着いたところで、C君に「もう終わり。よく我慢したなあ」と声をかけると、私の肩にバシッと一発、お礼をくれました。この程度で済むのなら、上等上等、と思いました。

ところが、これで終わらないところが、彼の彼たるところです。翌日、まずはケーブルカーで移動です。ところが彼はケーブルカーを目にしたとたん、断固拒否、の姿勢を打ち出してきたのです。どうしてもそばによろうとはしないのです。箱根の山中で、しばらく彼との追いかけっこがつづきました。

上着をつかむとするりとくぐり抜け、上半身裸です。裸のまま置いていくぞ、と言うと、いい、と意思表示してきます。箱根の山の住人になるのか、と聞くと、「ウッ（なる）」、と答えます（「ウッ」というのは彼の発語ですが、それを肯定否定として使い分けます）。半端な決意ではないことが、ひしひしと感じられます。周到に事前準備をしてきたはずなのに、こんな所に盲点があったとは、まったく予測できませんでした。

　他の男子教員にも応援を頼んで、とにかく乗せてしまおうかとも考えました。しかし無理して乗せることができたとしても、車内で大騒ぎになって、ケーブルカーがストップしてしまいそうです。ケーブルカーをクリアしたとしても、もう一つ、昨日以上に本格的なロープウェイが待っています。私と二人で残ったとしても、そのあとどう移動するか、まったく目処が立ちません。

　万事休すか、と思っていると、路線バスがやってきました。どこへ行くバスだろうと思っていると、もう一人の同僚担任がバスに近づいていき、運転手さんと何やら話しています。そして私のところにやってきて「このバスは○○を通るので、そこで降りると△△には歩いていけます。△△で合流します」と言うのです。奇跡が起きたと心底思いました。

　バスを指差しながら、乗るか、と聞くと、乗る、と答えます。校長さんに目で尋ねると、うなずきながらOKサイン。洋服とリュックサックを彼に渡しながら「騒がないでバスに乗ること。H先生のいうことを聞くこと。分かった?」と私。うん、と短く答えると、彼は何事もなかったように、さっさとバスに乗り込んでいきます。走り去って行くバス。ニコニコしながら窓の外を見ているC君。

　予定通り(?)無事に合流できたのですが、ほっとするやら、おかしいやら、呆れるやら。二泊三日の修学旅行、なんかあるだろうと腹は括っていましたが、いかにも彼らしいエピソードを残してくれたのでした。

このときの彼はパニックにはなってはいないのですが、ある知覚や感覚に対する拒否の激しさがどれほどのものか、ということを改めて痛感させる出来事でした。もし、力づくでケーブルカーに乗り込ませていたら、そうとうに大きな混乱を見せたはずです。幸い事なきを得ています。しかし知覚や感覚というものについて、一から考え直すきっかけになりました。

それまでも、彼らの見え方や聞こえ方は、私たちのそれとは違っているのではないか。感覚受容のあり方が違っているのではないか、ということは感じていましたが、どのような知覚体験となっているかは類推しても限界があります。行き着いたのが、ドナ・ウィリアムズやテンプル・グランディンといった、当事者が書いた記録を読み込んでみる作業でした。やはりそれは私の予測をはるかに超えていました。(*)

(*) 小林隆児さんの『自閉症と言葉の成り立ち』(ミネルヴァ書房)や『よくわかる自閉症』(法研)には、彼らがある知覚に対していかに侵襲性を感じるか、環境世界が「迫害的相貌性」をもって迫ってくるかが記述されています。まさに我が意を得たりでした。

見通しをもてるように示すこと

つぎは、状況への見通しがもてず、我慢が限界を超えたために引き起こされるパニックについてです。

C君は、長時間、席についていることがとても苦手です。一年目の卒業式のとき、席についたとたん表情が険しくなりました。小学部時代にも経験しているはずだし、予行練習も経ているので大丈夫だろうと考えていたのですが、安易でした。もうすぐ終わるからと話しかけても不安定な状態から抜け出せず、まずいなあと思っているうちに、ちょっとした騒ぎになり、外に連れ出してもなかなか混乱状態が収まりませんでした。

このときの経緯を記録し、次年度に備えました。彼に対し、事前に伝えておくこと。声をかける場合は、言葉を選ぶこと。たとえば「もうすぐ終わるから、もう少し我慢して」という言葉は、曖昧であるとともに、彼にとっては「我慢していても、終わらないいじゃないか」ということになり、逆に、苛立たせる刺激として働いてしまうようだ、などなど。

二年目の卒業式。予行練習のときも当日も、始まる前に体育館に連れて行き、中の様子を見せ、今日は卒業式（予行）だからと伝えました。着席している時間がしばらくつづくこと。照明が途中で消え、暗くなる時間があること。よそからお客さんやお父さん、お母さんたちもきて、静かになっているので大きな声を出してはいけないこと、などを話しました。

もし我慢できなくなったら、急に大騒ぎをするのではなく、外に出たいと知らせるように。そうすれば一緒に外に出て休憩するから、と伝えたのでした。しんどそうな表情ではありましたが、分かったという意思表示がありました。式中、こちらからの余計な言葉かけは控えました。三、四度ほど退席したでしょうか。教室で気分転換したりトイレに行ったりして戻り、無事に終えることができました。

三年目。卒業の当事者です。もう一人の担任に任せていましたが、ときどきドシンと背中や肩にサインをよこし、(*)一人で席をはずして戻ってきました。途中で飽きてきた様子は見られましたが、とくに何事もなく終了しました。

卒業式に限らず、これから何が始まるのか、事前にきちんと説明しておくことは鉄則でした。視覚的手掛かりの重要さなどはいまでは常識になっていますが、絵カードや写真はもちろん、ときには、「ここまで」ということを理解してもらうために時計を使ってみたりもしました。これはもう一つの鉄則でしたが、つまり〝終わり〟を見えるかたちにすることです。この二つがあるのとないのとでは、そのあとの状態が大きく異なります。

エンドレスの状況に置かれることは、自閉症の子どもたちだけではなく、誰にとっても辛いものです。こちらが気づかないところで、見通しのもてない、いつ終わるか分からない状況に置いてしまっていることは、案外少なくないのかもしれません。これくらい当たり前だろう、とつい思ってしまうのですね。

そのことにこちらが気づくか気づかないか。ちょっとした差が、結果としてパニックを引き起こすがどうか、大きな違いになっていくことは少なくないだろうと思います。

（＊）彼はトントンのつもりですが、身体も大きくなり、力も強くなっていて、こちらにはドシンになります。手加減をする、というのも、彼らにはなかなか難しい作業です。事情を知らない他の教員に、彼のほうは承諾を求めるつもりで背中をたたいてサインを送ることがあるのですが、トントンどころではないので、なんで急に殴るんだと誤解されることがしばしばありました。

キーパーソンであることと混乱

つぎは、いっしょにいる教員がキーパーソン的役割をはたせないときの混乱。

こんなことがありました。学校では毎年教育実習生を受け入れています。期間は、当時は二週間でした。実習が二週目に入ったところで、一日に一人ずつ、子どもたちの担当を任せるようにしていました。

それまでC君に関しては、男子学生でもそうとうにしっかりしていると判断できない限り、実習生に預けることはしませんでした。そのとき私が担当したのは女子の実習生でしたが、精錬授業も終えていたので、最後の日に尋ねてみました。引き受けてもらうからには、かなり気合を入れて臨まないといけないことも伝えました。やってみます、ということなので、思い切って任せてみることにしたのです。

午前中の作業学習は何とか終えました。その後の着替えは若い女性に見てもらうわけにはいかないので、私が付きましたが、C君のテンションがちょっと高いことに気づきました。はしゃいでいるのです。どうかなあとも思いましたが、食堂でバトンタッチすると、テンションの高さをさらに現わし始めました。はしゃぎすぎ、ふざけすぎの状態です。これはいい兆候ではありません。昼休みになって、それがはっきりと現われました。

作業活動はメニューが決まっているので、教員の側は、ひとまずは流れに即して対応することができます。ところが昼休みは自由な時間になるので、様子を見ながら、ケースバイケースで接していかなければなりません。

C君はまず、養護訓練室に入り込みました。身体の大きい子がそばで走り回っているのは危険なので、昼は、小学部の子どもたちの専用というルールがあります。当然、彼はそれを知っており、普段であれば、昼休みに入ることはほとんどありません。ところがそのときには、ケラケラと笑い声を出し、周囲を見回しながら、トランポリンをしています。当然、C君に対し、小学部の教員たちからはブーイングがとんできます。実習生はやめさせようと必死ですが、これがまたひと苦労です。

私は養訓室の外で様子を見ていたのですが、顔を出し、少しきつい口調で彼の名前を呼びました。するとトランポリンを飛び降り、訓練室を飛び出してつぎの場所へ走り出していきます。実習生は捕まえ、彼の行動をコントロールしようとするのですが、C君のほうはますます悪ふざけをエスカレートさせていきます。

そのうちに、はしゃいでいた彼の顔がだんだん険しくなってきました。そして自分で自分の混乱を激しくさせるように、目に入る物をつかんで放り投げるなど、手当たりしだいの行動になっていったのです。表情が尋常ではなくなり、これ以上進むとパニック状態になるというところでバトンタッチしたのですが、興奮状態が鎮まるまでしばらく時間を要しました。

キーパーソン的役割とまで言わなくとも、こちらが主導する存在になることの難しさ。それを欠いてしまうと混乱状態に入ってしまう、という例です。主導するということは、声の大きさや体力で威圧し、意のままに従わせることとはまったく異なっています。経験年数も性別も関係ないでしょう。ただしこの実習生を責めるつもりは毛頭ありません。一年目の最初は、私たちだって似たようなものだったのですから。

すでに述べていますが、やみくもに制約を強くしようとすればするほど、彼のほうは反発を強めます。主導できないまま、まったくの自由放任に近い状態になってしまうと、やはり大きな混乱を招いてしまうことになります。ひと言でいえば、丁寧な関係づくりをしていく以外にはないということになるのですが、これでは当たり前すぎて何も言ったことにはなりませんね。

実習生には、自分の何が足りなかったのか、もっと厳しくすればよかったのか、と問われたのですが、うまく答えられませんでした。難しいということを実感してくれただけでも大きな収穫だったのではないですか、といった答えしかできなかった記憶があります。信頼関係とか主導的にかかわるとか、関係のありようを説明したり、記述することはとても難しいことだと改めて感じました。

最近は、実際の場面をビデオ収録し、それを見ながら具体的に検討するという方法が用いられているようです。ディスカッションしながら、少しずつ自己修正していく、というのは有力な伝達方法かもしれません。

プライドを傷つけられることとパニック

最後にプライドを傷つけられたことへの怒りについて。

ここまで述べてきたことは、教科書的なマニュアル書や解説書のなかにも、何らかのかたちで記載されているかもしれません。ところがこの「プライドを傷つけられたことへの怒り」というのは、最後の最後までノーマークでした。考えてみれば至極当たり前のことなのですが、迂闊にも、なかなか気づくことができなかったのです。

こんなことがありました。私の失敗例です。修学旅行の最終日。例の「ケーブルカー断固拒否騒動」の後の、宿泊先での出来事です。

部屋に入り、全員が集まって休憩していたところ、突然、C君の大混乱が始まりました。こちらはまったく事情が分かりません。とにかく他の子どもたちに避難してもらい、テーブル、背もたれ椅子、お茶の道具などを片付け、彼と相対しました。混乱を制止しようとしながら、何が原因か、あれこれと思い巡らしたのですが、皆目見当がつかないのです。ロープウェイの嫌な体験を思い出したのか、疲れがピークになったのか。

揉み合っているさなか、あることがピンと来ました。

この少し前、子どもたちはホームシックになっているだろうから、家に電話させよう、お父さんお母さんと話せば元気になるだろうということで、小銭を用意させていました。しかしC君は、会話が難しいからということで、このメンバーから外していたのです。これが気に入らなかったのではないか、と思い当たったのです。

彼に聞きました。「○○と△△に、お母さんに電話しようと言っておいて、俺にはさせない。それが気に入らなかったのか。電話したい、そういうことか」。すると彼は、そうだ、と意思表示をします。

そうか、そういうことだったのか、と思い、もう私は平謝りです。「分かった、電話しよう。悪かった。ごめん。申し訳ない。これから電話するから、大騒ぎするのはやめてほしい。お金を用意して、家に電話しよう。本当に申し訳なかった」。

分かった、というような顔になり、ふっと全身の力を抜くのが分かりました。

まったく私の判断ミスです。えこひいきだと叱られても仕方のない対応です。それに彼が腹を立てた。当たり前です。弁解の余地はありません。申し訳ない気持ちでいっぱいでした。

ちょっとおまけがあって、自宅に電話を入れると弟さんが出ました。お母さんかお父さんに代わってほしいと言うと、二人とも出かけていて家にはいない、と言うのです。マズイ。私は真っ青になりました。話が違う、とまたおこられる、どうしよう、と焦りながら、修学旅行の先から声を聞きたいと電話した云々、と時間稼ぎに入りました。早く代われと受話器をとろうとするC君。ここで奇跡が起きました。「お母さんが帰ってきたみたいなので、いま代わります」と弟さんがいうのです。私は胸をなでおろしながら、お母さんに二日間の様子を話し、C君と代わりました。

元気にしてる？　淋しがってない？　とお母さんが尋ねると、ウッ、ウッ、と彼は答えます。ちゃんと聞いてる？　と尋ねるのが受話器から聞こえるので「大丈夫ですよ、ちゃんと聞いて、返事をしてますから。まだお金のほうはありますので、もう少し話してください」と伝え、話をしてもらっていると、C君が、もういい、と私に受話器を押し付けてよこしました。

本当に終わりにしていいかどうかを確認し、終わるんだったら、ちゃんとさよならしなよ、と言うと、受話器をもったまま手を振っています。本人ももう満足したようだとお母さんに伝え、電話を切りました。

ここでのパニックは、これまでのどの分類にあてはめたらいいでしょうか。一般的には、葛藤処理ができなくなったとき、というカテゴリーに入るのかも知れません。

私としては、このときの彼の怒りは、理不尽な扱いを受け、プライドを傷つけられたと感じたがゆえのものだ、と考えたのです。言葉が話せないから、言っても理解できないから、と通常だったら口にしない類のことを、本人の前で不用意に口にする。現場の人間にとってはありがちなことです。強く自戒していたとはいえ、これまでも気づかないところで、そうした言動ゆえのパニックがあったのかもしれません。

非常に強烈な体験でした。プライドを傷つけられたらだれだって怒るよな、と痛感させられた体験でした。

これで今日のお話を終わりにしますが、最後にひと言。

ここでお話ししたことは、私の個人プレーではなく、チームプレーの結果だということです。私は毎年のようにチームを組む同僚教員に恵まれてきました。また、基本線さえきっちりと共通確認できれば、あとはお互い、自由にやりましょう、というのが、私の基本的な考えでした。そこをうまく理解してもらえないと難しいことになってしまうのですが、幸い、とてもいいかたちで連携をつくることができた、と（私のほうは）思っています。ここに記述したのはその結果であり、この点を強調しておきます。

基本的には両面作戦であること。のんびりと構え、まあいいんじゃない、と彼の行動を受けとめる。しかし一方で絶えずアンテナを張り巡らして情報をキャッチし、後手に廻らないようにする。難しい作業ではあるのですが、それが心がけたことであり、チームを組んだ同僚にも理解してほしいと願ってきたところです。

それから最初にお伝えしたように、ここで話したエピソードは、あくまでもC君の一面です。がんばったこともたくさんあるじゃないか、なんでこんなことばかり話すんだ、と彼には叱られそうです。この点については、ぜひとも誤解のないようにしていただければと思います。

▼第六章

感覚の世界と意味の世界

「自閉症」の子どもたちの感覚世界

「自閉症」と呼ばれる子どもたちと付き合うようになって、真っ先に不思議だなと感じたことは、彼らの独特な感覚や知覚のありようでした。並べあげていくと枚挙にいとまがないほどなのですが、たとえばつぎのようなものがあげられます。

まずは音（聞こえ）に関するもの。ずっと耳をふさいでいる子がいます。周囲の音の刺激が、私たちが想像する以上に苦痛になっているのだろうと思います。機械音が苦手な子がいます。校庭で遊んでいると、顔つきを変えて教室に飛び込んでいきます。しばらくすると、飛行機の音が、やっと私たちにも聞こえてくるのです。

この子は、飛行機音や掃除機の音が苦手でした。大型の木工機械が苦手なC君の話は前回しましたが、こうした機械音の苦手なタイプの子は少なくありませんでした。電車が好きで、一人で遠くまで「お出かけ」してしまう子でも、他の機械音はだめだということがあり、なかなか一筋縄ではいきません。

また目（見え方）に関しても同様です。ジグソーパズルのピースを見分けるのが早く、始めると一時間でも二時間でもつづけて平気な子がいました。好きなアニメのキャラクターを、詳細に、描画で再現する子もいます。散歩から帰ると、途中で目に入った自動販売機を再現している子、学校の中の換気扇をいつまでも書いている子など、やはりさまざまです。

ところがこうした一方で、実際の顔と写真のマッチングができないというアンバランスを見せたり、注視するときに横目になったり、眼のふちを押さえる、といった仕草をする子もいました。部分については細かな再現力があり、見分けもできるけれども、全体的な把握に関してはどうも苦手なようなのです。

またこんな例もありました。ある子はミニカーが好きで、二〇台も三〇台ももっていました。ミニカーを使ってどうするかと言えば、車両を連結させるように一列にずらりと並べ、その横に寝転んでじっと眺めているのです。並べる順番も決まっているようで、彼がトイレに立ったとき、試しに入れ替えてみると、すぐに気がついて並べ直しました。

感触（触覚）についても好悪が極端でした。乾いた砂をすくってはひらひらとこぼれさせて飽きない子。紙をちぎってはひらひらさせ、どんどん細かくしたあと、口に含んでまたひらひらさせ、紙粘土のようになるまでくり返す子。水が好きな子、粉が好きな子、マットレスの感触が好きな子、プラスチック類の手触りが好きな子。

反面、絶対に受け付けない感触もあり、手が濡れるとすぐに拭い、乾いた後でもさかんに気にして拭いている子。土の汚れが気になって仕方がない子。本当に好き嫌いは千差万別です。偏りが大きいのです。

揺れや動き（固有覚や運動感覚）に関する好悪もそうでした。ブランコやトランポリンが好きな子、ぐるぐると回してもらうことを好む子、大型マットの上に投げ飛ばされるのを好み、何度もせがんでくる子など、大きな動きを好む子が少なくなかったようです（場合によっては遊具がこだわりの対象になることもあります）。

しかしこうした粗大的な動きに、もう一つの動きを加えると、あっという間に難しさを示すことになります。たとえば段差のあるところで、その段差に応じた態勢を取って動く、平均台のような高さのある足場やバランスボードの上で一定の姿勢を保つ、などの困難。大縄の動きに合わせて飛ぶ、ドリブルをしながらゆっくり移動する、などの動きの困難。閉所や高所への拒否の強さなどが見られることもありました。一見、敏捷そうに動いているのですが、模倣が難しかったり、四肢を協応的に動かすことが難しかったり、細かく見れば見るほど、しっかりと体が使えていないことが分かりました。

子どもたちの独特の感覚や知覚のあり方に、彼らには世界が違って見えているのではないか、聞こえ方も、私たちのそれとは少しばかり違っているのではないか。そんなことを感じたのです。「いま、ここに、いる」というあり方が、どうも違って受けとめられているのではないかというような、うまく言葉にできない疑問ですね。

このとき、課題が二つありました。一つは、ある感覚世界への〝とどまり〟に対し、どう対応していったらよいか、それを打開するような彼らとの〝かかわり〟をどうつくっていくか、具体的な方途をなかなか見つけることができなかった、という問題です。もう一つは、ここから先へ進めていく上での考え方の枠組みが、なかなかつかめなかったことです。

具体的なかかわりに関しては後々まで試行錯誤がつづくのですが、後者の、ここから先をどう考えるかという視点をもつにあたって、大きな示唆を得たのは、ワロンを背景とした浜田寿美男さんの考えでした。(*)

(*) 教員時代、雑誌『発達』での連載を中心として読み進めていったのですが、それらは『子どもの生活世界のはじまり』、『「私」というもののなりたち』(これは編著で、浜田さんの他に山口俊郎、麻生武、山上雅子ほかの各氏が共同執筆しています)、『発達心理学再考のための序説』、『意味から言葉へ』、『身体から表象へ』(いずれもミネルヴァ書房)としてまとめられていきます。これらのエッセンスをコンパクトにまとめた著作が『「私」とは何か』(講談社選書メチエ)です。

身体から始まる「私」

浜田さんが出発点とするのは、身体という座であり、身体をもって人と人とが出会うといいます。出会うとは、つまり身体が他の身体やものに「向かう」ことであり、そのことを「志向性」と呼んでいます。「見る」とは単に網膜に映るという神経生理学的な与件によってのみはたされるのではなく、意志や意図をもって見る、という志向性によってはじめてなされるということです。見るのみならず、「聞く」も「話す」も、「歩く」も、身体は「向かう力」をもっていて、それが生きていく上での大前提だということです。

さらにその身体はつぎのような特徴をもつといいます（『「私」とは何か』P97より）。

- 身体
  - 個別性
  - 共同性
    - 相補性
    - 同型性

身体は基本的に個別です。このことはどうあっても逃れられない根源的な特性です。これを浜田さんは「本源的自己中心性」と呼んでいます。しかしその個別の身体は、同じ身体同士が出会い、反応しあうというもう一つの特性を持ちます。このことを、身体のもつ「本源的共同性」と言っています。つまり、根源的に個別的でありながら、かつ共同的であるという両義性が身体の特徴である。これがポイントの一つ目です。

そしてさらに、共同的な身体は、相手と同じになろうとする「同型性」（赤ちゃんに備わった、目の前の大人と同じ表情をするといった行動などがこれで、教えられたわけでもないのに身体が備えている特徴です）と、相手と「やり—とり」をする「相補性」をもつ、といいます。

この「やり—とり」とは、「見る—見られる」「話す—聞く」「触れる—触れられる」といったあらゆるものを含む「やり—とり」なのですが、それは二重の構造をもつというのが、つぎのポイントです。面倒な言い方になりますが、「見る」とは「見られることを見る」ことであり、「見られる」とは「相手が自分を見ていることを見る」ことだということです。これが二重の構造ということの意味です。

「話す―聞く」も同様です。「話す」とは「自分が話していることを聞く」ことであり、「聞く」という行為のなかにも「相手の視点になって同時進行的に話す」ことが含まれるといいます。つまり「相補性」というのは単なる「能動―受動」にとどまらず、能動がすなわち受動であり、受動が能動であるような二重の構造をもつのだというわけです(*)。

この二重性の指摘はたいへんに重要です。浜田さんの基本的な問いの一つが、「私」(自己)というものがどのようにして成り立つ(育つ)のかを明らかにすることであり、もう一つは、言葉の獲得がどうはたされていくのかという問いです。注意したいことは、この二つの問いが深くつながっていることです。

「私」の育つプロセスとは、身体が「やり―とり」をくり返しながら、「能動―受動」の二重構造を獲得していくプロセスであり、それはまた「私」が「内なる私」を内在させた二重の構造をもつに至るプロセスです。この二重構造の獲得こそが、言葉の獲得にとって必要不可欠なものです。

気づかれたかもしれませんが、浜田さんにはもう一つ重要なテーマがあります。自閉症の子どもたちのさまざまな特徴をどう捉えるのか、という問いです。

端的に言ってしまえば、「自閉症」の子どもたちとは、「私」の育ちそびれた子どもたちのことです。「私」というものが「内なる自己」を含む二重の構造として獲得されていない子どもたちであり、それは本源的共同性という身体の備える特徴においておくれをもつゆえにもたらされる、ということになります。

（＊）『ハンディキャップ論』において、「応―答」とは、「応（答）―答（応）―応（答）…」というように、「応」が「答」を含むやり取りだと述べたのですが、それは浜田さんのいう「やり―とり」の二重構造を踏まえたものでした。

「ひと―もの―自分」という関係と意味

それは浜田さんが言葉の獲得にとってきわめて重要視している「能動―受動」の二重構造、つまりは「やり―とり」の二重構造について、もう少し詳しく紹介しておきましょう。「やり―とり」といえば、ものを介した第三者との交流、「ひと―もの―自分」の三項関係という、発達心理学ではお馴染みの構図になるわけですが（以降「やり―とり」とするとき、この「ひと―もの―自分」を含んだものとして用います）、浜田さんの際立ったところは、この「やり―とり」にも、先ほどの同型性や相補性が緊密に結びついている、と二重性を導入して考え進めている点です。

簡単な例を示します。お母さんと子どもが、ボールの投げ渡しの遊び（要するに簡単なキャッチボール）をしているとします。浜田さんのここでの考え方に沿って言えば、つぎのような「やり―とり」がそこで交わされていることになります。

ボールを「投げる」とは、相手が「受け取ったことの受けとめ」であり、「受け取る」とは、相手が「投げたことの受けとめ」です。ボールを「投げるとは受けとめること」であり、「受けとめることは投げること」だということになるわけです。

ボールのやり取りといった単純な遊びのなかにも、このような「やり─とり」の二重構造があるということ。どうしてこんなふうに面倒なことを考えなければならないかといえば、くり返しますが、「私」の育ちと言葉の獲得にとって重要な要因だからです。

そして三項関係の三項目（「もの」）には、物の意味や人の意味、そして価値観に至るまですべてを含んだ文化がふくまれるとし、このことを踏まえ、浜田さんはつぎのように言います。

　こうしたいわば意味の空白から出発して、三項関係の場で、赤ちゃんは父親や母親が周囲のものに対して注ぐまなざし、その見方、感じ方、操り方をなぞる。そうして父親や母親たちが生きている意味世界が赤ちゃんの側に浸透していく。（『「私」とは何か』Ｐ１５９）

私たち大人は、見るもの聞くもの触れるもの、口にするもの、つまりは身体が知覚や感覚として受けとめるもののすべてを（このとき、身体とは「志向性」をもつ、と浜田さんが指摘してあることを忘れないでください）、「意味」として受けとめています。音がすれば、何だろうかと耳を澄まし、音源を捜そうとします。揺れている、と感じれば、地震かと思って確かめます。それが私たちの身体であり、身体と身体が出会う「やり─とり」には、意味や価値の伝達という働きが必ずやふくまれているわけです。

「自閉症」の子どもたちとの〝かかわり〟の難しさがここにあります。感覚世界への〝どどまり〟が、私たちから見れば、共有する糸口を見出せず、ものを介した「やり—とり」に移っていかないと感じさせるのは、身体と身体との出会いを通して伝達されていくはずの意味や価値が、うまく受けとめられていないと感じられるからにほかなりません。何かしら反応が返ってきたとしても、そこには応答の二重構造がありませんから、つぎの交流につながらない、つまりは「応—答」にならない。そのように感じさせるゆえの難しさだということになります。

水に濡れることを拒否するD君

具体的に話ししてみます。

教員になって比較的早い時期だったのですが、とても印象的な体験をしました。その例をお話しします（ちなみに創設されて五年にも満たない若い学校でした。ある先進校に研修に出向いたり、講師として招いたりしながら、教育課程をどうつくるかと暗中模索していた時代です）。

小学部時代に付き合った子で、D君としましょう。知的にも重いハンディがあり、言葉はありません。とても神経質で、大人の声に過敏に反応し、少し大きな声を出し始めると教室をさっと飛び出して避難していきます。自由な時間になると感覚的な遊びに終始していました。プラスチックや金属性の硬いおもちゃが好きで、指先を器用に動かして触れたり、音を出したりしていました。また砂が大好きで、砂場に入ると、長い間、砂をすくってはひらひらさせていました。ただし少しでも濡れるとアウトです。誰かがちょっとでも水をかけようものなら自分の胸を叩いておこり、泣きながら衣服を脱ぐ、というほど拒否の強さを見せていました。

彼を含め、学習のグループは五名。その中で「自閉症群」にあると考えていい子が四名ほど（あいまいな言い方ですが、当時、診断名が「自閉症」と統一されていたわけではなく、「微細脳損傷」とか「精神遅滞（自閉傾向）」とか「自閉群の精神遅滞」とか、「情緒障害」とか、医者によってバラバラでした）。五名ともに知的なハンディが重度で、多動な子が多く、教室にいることがまずは難しいという教師泣かせの集団でした。いわばつわものぞろいで、今ほど教育課程が整備されていなかった当時、しばらくは何をやっても授業にはならないという期間がつづきました。

彼らの共通点は食べることが好きだということ。いささか安易ではあるのですが、食べるもので引っ張ろうということになりました。窮余の策です。粉の感触は嫌がらない。小麦粉を使ってこねさせ、途中にいくつかの道具を入れて活動らしきものを設定し、授業の最後は食べることができるようにしよう。粉をこねて生地にする、畑で採れたさつま芋をつぶし、生地と練り合わせ、最後に型抜きをしてオーブンで焼く——いまでは珍しくもないパターンですが、若い男の教員二人が遅くまで顔を突き合わせ、必死になってそんな授業展開をひねり出したわけです。

（じつはこれは、校内で公開される「ことば」の授業として設定されたものでした。「ことば」の授業なのに、なぜこうした設定をするのか、目的は何か、留意すべき点はどこかなどなど、細かな理屈づけも——ちょっと強引に——したのですが、詳細はおきましょう。検討会において、先輩教員たちより、さすがにその点について、これは「ことば」ではなく「生活科」の授業なのではないか、という疑問、批判が集中しました。ともあれ以下に彼の変化を紹介しますが、これは資料や記録をひっくり返しながら整理・編集したダイジェスト版だということはお断りしておきます。きれいに変化をしていったような記述になるかと思いますが、実際はもっと行きつ戻りつしていたはずです）

D君の変化

問題は、D君のそのときの様子がどうだったか、です。

粉は好きですから、顔を真っ白にしながら遊んでいます。ところが、少しでも水を加えようものなら、怒って外に飛び出していきます。そしてさつま芋を潰すころになると、食べに戻ってきます。そんなことがしばらくくり返されたあと、私がこねた生地を、めん棒と一緒に渡してみました。やはり粉のほうにこだわり、いらないと突き返してよこすのですが、さつま芋は食べたいD君です。さつま芋を混ぜると、生地が水分を含んで粘りが出るのに、そのべとつきはがまんしています。

つぎは、少しだけ水を入れ、手早くこねて粘りをなくしてから彼に渡しました。サラサラではなく、湿りをふくんだぱらぱらの生地ですが、だんだんと触れるようになってきました。そして時間をかけ、水の量を少しずつ少しずつ増やしていきました。彼のほうは、濡れた粉が手に付くたびに口に含みながら、さつま芋を早く入れろと催促してきます。もう少しこねてから、と私のほうは引き延ばしにかかります。彼が、必死に我慢している様子がよく分かりました。

　気がついたことがもう一つありました。好きなおもちゃを指でカタカタ鳴らしたり、砂をひらひらさせるときの手指は、たしかに一見、器用に動いていました。ところが、計量カップ、めん棒、型抜きなどの調理器具をもたせると、まるで用途に応じた使い方ができないのです。カップで粉をすくうことはできても、すくった粉を、手首をひねってボールにあける、という手首の返しができません。両手に持ち替え、カップごと放り投げてしまいます。面棒も型抜きも、つかんでとんとんと生地をたたくだけです。

　目もまったく手元にいっておらず、教室のどこかあちこちをさまよっていて、声をかけてもすぐに離れてしまいます。お芋を食べたいから我慢しているけれども、仕方がないからやって（やらされて）いる、という雰囲気が濃厚でした。そして私の目が離れると、いつものおもちゃと同じように、調理器具を使ってカタカタと音を出すか、教室を飛び出して砂場に逃げていくか、そのどちらかという状態でした。

　どれくらいたってからでしょうか。しばらくつづけているうちに、少しずつ変化を見せ始めました。水を入れた小麦粉をかき混ぜて彼に渡すと、手に付いた粉を気にしながら、それでも触れていることができるようになったのです。〝こねる〟というのは、じつはなかなか難しい手の動きです。彼の場合は生地のかたまりを手のひらで押し潰したり伸ばしたり、つまんでパラパラさせたり、といった動きではあったのですが、それでも大きな変化です。

　調理器具の使い方に関してもそうです。私のほうは、彼を抱えるように後ろに腰掛け、トントンとかコロコロとか言いながら、一緒に調理器具を使っていました。微妙な変化ではあったのですが、視線も定まっていき、器具も意図に沿って使おうとする様子を見せ始めました。こうした彼の変化を受け、後ろからサポートする態勢を改め、横に座って観察しながら、必要に応じてフォローするようにしてみました。

そのときの彼の様子を見ながら、つくづく、落ち着くとか、集中するとか、こういうことなのかと感じたことを覚えています。短い時間であっても、目が手元にいっていること。不器用で下手であっても、とりあえずは手の動きに「意思」と「目的」が表れていること。これまでの彼が、じっと座っているとき、どこか落着きがない、ふらついているといった感じを与えたのは、このあたりに事情があったわけです。

むろんこうした変化で、砂をひらひらさせる遊びや、おもちゃをカタカタさせる遊びへのこだわりがなくなったわけではありません。水への恐怖心も残っています。しかし変化は他でも現われました。

砂場の砂が、少しくらいならば、濡れていても平気で遊んでいられるようになったのです。そうとなれば砂場に山もつくれますし、トンネルをつくって遊ぶこともできます。こちらの誘いに乗るようになってきましたし、水路をつくって、山のてっぺんから水を流す遊びも、拒否しなくなってきました。少し離れた場所から、こわごわとではありますが、水が勢いよく流れるのをじっと見ているようになったのです。

彼にとっては砂を何かに見立てたり、ごっこ遊びをすることは難しいので、砂場にできた山もトンネルも水路も、ただの砂のかたまりであり、水はただの水、ということになるのでしょう。また、こちらの誘いにいつも乗ってくるまでにはいたっていませんが、しかし大きな変化です。

もう一つ、こんな様子も観察されました。以前の彼は、砂場で遊んでいる所に私が行くと、おせっかいされることを察するのか、それに抗うように、いっそう強く〝砂のひらひら〟に没頭していきました。目つきが変わるのが見て取れるのです。この授業以降、知らん顔をして他の子と遊んでいると、こちらの様子を覗きにくるようになったのです。

ひょっとしたら、砂や水を使って、もう少し大がかりな遊びを展開できるのではないか、プールにも入れるようにならないか、と期待を寄せていたのですが、残念ながら、間もなく転校してしまいました。ともあれ、このときのD君の変化は私に鮮明な印象を残しました。

「やり―とり」がなぜ重要か

何か劇的な変化があったと受け取られるかもしれません。気にしなければ見逃してしまう小さな変化です。ここでD君の例を紹介した意図は、ひと言でいえば、関心が広がることによって「ひと―もの―自分」の関係ができ始めたということなのですが、もう少し踏み込んで考えてみます。

それまでは、すくってはひらひらさせるという、自己刺激的な常同行動の素材だった粉や砂が、彼と私との間で共有され始めることによって、意味を変え始めた、活動もある目的をもち始めた、とりあえずはそのように言えるわけですが、じつはここまで述べてきた「関心が広がる」とか

「共有」とか「意味を変える」とか「目的」というのは、あくまでも私の側に立った言い方です。私が何をしようとしたかという観点からの観察です。できるだけ彼の側に立った言い方をすると、つぎのようになります(*)。

D君は、それまでも砂を口にすることはしませんでしたから、砂と粉が違うものだ、という区別（認識）はもっていたと考えてよいでしょう。しかし、「粉を変化させてさつま芋と練り合わせる」という手順が、「食べる」という目的と結びついたことによって、ただの粉一般から、食べるための粉、というように粉の意味が彼にとっては変わっています。

つまりここで、粉の意味が新たに切り分けられた（分節した）ことになります。分節したのは粉だけではありません。調理器具もそうです。それまで音を鳴らすための自己刺激的な道具だったものが、生地を伸ばす、型を抜く、という用途をもった道具に、意味が分節し始めています。

ではこの変化をもたらしたものが何かといえば、食べたいという欲求と、〝こねる〟という行為への関心、そして自分の意思で活動を始めたことです。もう一つあります。私（佐藤）という存在への気づきです。しかもただ気づいただけではなく、佐藤という人間が自分（D君）に何事かを求めている、その求めるところに応じれば、どうも最後にお芋を食べることができそうだというように、食べたいという欲求と佐藤という存在とが、彼のなかで結びついたことが推測されます。彼の興味や欲求のあり方と活動、粉と調理器具、そして私という存在の「意味」が、変わっています。「ひと―もの―自分」のあり方全体が変容を見せはじめているわけです。

ここでの「やり―とり」（三項関係）はまだ萌芽の段階だといってよいでしょうが、だいじなことは、「やり－とり」によって現われてくる世界は、決して固定的で静態的なものではなく、そのつどそのつどの関心、欲求、行為や人のあり方によって変わりうるものだということです。動態的なものなのです。

こちらがどんな「やり－とり」を成り立たせることができるか。どんなふうにかかわろうとするのか。そのことによって彼の行為の意味が変わります。つまりは彼にとっての「世界」の意味が変わります。だからこそ（浜田さんが「オルガナイザー」という言い方をしているように）、「やり－とり」は、「世界」を編み変えていくときの推力だということになります。

（＊）滝川一廣さんの名言の一つに「精神療法の成否は、こちらが『何』をなすかではなく、相手が『何』をどう体験するかの方にかかっている」というものがあります。子どもを前にしたときに、肝に銘じてきた言葉の一つです。

E君と目ざしたもの

もう一つの例を紹介します。それから十年ほどのちのことです。

新しい学校に移って着任早々、よろしくお願いします、と同じチームの担任に真っ先に紹介されたのが、マイク・タイソンを小さくしたようなE君でした。小学部六年、背はさほど大きくはありませんが、体つきが相当にがっちりしていて、力も強そうです。

十日もたたないうちに、彼もまた難儀な子であることが分かりました。午後の授業になると、決まってといいほど崩れ出します。授業が始まって五分もするころには机をがたがたさせ始め、知らん顔をしていると唾吐きが始まり、さらにエスカレートすると、そばにいる子や教師に手が伸び始めます。

授業に飽きたときだけではありません。要求が入れられなかったり、こちらの対応が気に入らなかったりすると、がらりと表情が変わり、目が据わります。そして教室を抜け出そうとするのですが、連れ戻そうとすると、力の強い彼との間でつかみ合いのようなバトルが始まってしまいます。力が強いのみならず、ガッツも人一倍あり、声を大きくして下手な脅し（？）をかけようものなら、かえってファイトをむき出しにして向かってくるようなタイプの子です。

家庭事情が複雑で、施設入所をしているという背景もありました。なかなかうまくお母さんに甘えることができず、甘えたい気持ちが逆に困らせるような行動になってしまい、お母さんのほうも疲れ果て、結局足が遠のいてしまう、彼のほうはますます不満やいら立ちをため込んでしまう、そんな悪循環のなかにありました。

教師に対してもそうです。かかわってほしいという気持ちを強くもっているのですが、その表現方法が逆になってしまいます。気を引こうと思えば思うほど、こちらにとっては困った行動になってしまう。それなら受け入れようとかかわり始めると、今度は〝終わり〟の切り替えがうまくできなくて、やはりこじれてしまう、ということのくり返しでした。

発語はなく、言葉の理解に対しても手掛かりを必要とする子です。動きはむしろ少なく、常同的な行動も見られません。しかしこだわりがあり、物の手触りや肌触りといった感触に強く固執します。プラスチック類を見つけては頬ずりをしたり、体調が悪くなってくると鼻の粘膜への自己刺激が止まらなくなるといった面もありました。

聞けば、修学旅行の行き先はディズニーランドであり、近くのオシャレなホテルに一泊して、そこでディナーだといいます。彼の担当は私で、だから、顔を合わせた最初、「よろしくお願いします」の挨拶になったわけです。ええっ、どうやって彼とディナーをするんだ、とついたじろいでしまった私でした。しかし逃げるわけにはいきません。

ひと月ほどたってからだったでしょうか。徹底して彼と付き合うほかはないと腹を決めました。そして私が何を始めたかと言えば、他の二人の担任に、着替えた後の朝の時間を、二〇分、私にくれないかと頼みこみました。週交代で子どもの担当をローテーションしていたのですが、その二〇分間だけは、毎日彼と付き合う、と決めたのです。

前回、C君について話したとき、二者関係か三者関係か、まずはその観察をするといった趣旨のことをお伝えしたと思うのですが、E君の場合は二者関係をきっちりとつくらないことには話にならないと考えたわけです。

（彼の学習のグループ担当は私ではなく、もう一人の相方教員だったのですが、覗かせてもらうと、そこではとても落ち着いて三〇分ほどの時間を過ごしていました。授業がしっかりとつくられていたこと、その担任と彼との関係が良好だったことなど、いくつか理由はあったでしょう。授業を見た私のほうは、ますます、彼との徹底した関係づくりが重要だと感じました）

E君とのかかわりの変化

さて、私が何をしたかというと、毎日彼と機能訓練室に行き、備え付けの手づくりブランコに乗せて、それを押すということをつづけたのです。とにかく毎日です。毎日毎日ブランコを押しながら、数を数えたり歌ったり、話しかけたりする、ということをくり返しました。

ブランコを利用しながら、彼に対し、あれをしてみたらどうか、これをしてみたらどうか、といった働きかけは一切なしです。とにかく彼が乗り、私が押す、それだけです。ルールは一つだけ。時間になったから教室に帰ろう、これ一つです。これでトラブルになったという記憶は皆無です。彼のほうも、このあと朝の会、体育、と授業が始まっていくという流れをつかんでいて、スペシャルタイムだということを理解していたのだろうと思います。

当然こちらは、彼がどんな顔をしてブランコに乗っているか、それとなく様子をうかがっていたのですが、しばらくはとくに楽しそうな様子も見せず、むすっとした表情のままでした。そうか、おれはブランコを押す機械とおんなじか、などと思いながら、数を数えていました。それでも、ブランコに行くよと誘うと、いやな顔を見せずに付いてきていたので、楽しくないことはないのだな、とは思っていました。

ただ押しているだけでは芸がない、とさすがに私も考えました。そこで、押すように見せてロープをつかんでフェイントをかけたり、わざとひねったり、前に回って顔を覗き込みながら膝を押したり、といろいろと試み始めました。ロープを巻いて回転させるなどということもしました。

そして一学期も終わりに近づいたある日、E君はふとブランコを降りると、トランポリンに上り始めました。少しの間一人で跳んでいたのですが、そのうちに私のほうに手を伸ばし、「うーっ」と呼ぶような声を出したのです。あれっ？　と思いました。ただ押すだけの機械だとばかり思っていたのに、そうではなかった、いつの間にか「押す相手」として認められていたわけです。私が飛び始めると、彼はトランポリンの上をあっちこっちにごろごろ転がりながら、「ブッフッフフ……」と不敵で不気味な（？）笑い声を出しているのです。何とか第一関門を突破したかな、と思いました。

とはいっても、ここから何かが劇的に変化していったわけではありません。同じようにブランコとトランポリンがくり返されました。変わったことと言えば、「ブッフッフフ……」という不敵で不気味な（？）笑い声が増えたことくらいでしょうか。

ただ私のほうは、トランポリンに招かれて、素直に応じていたわけではありませんでした。わざと知らん顔をしてみたり、ブランコに腰をかけ、押してくれたらトランポリンに乗るよ、と言ってみたり、いたずら心を起こしていたことは確かです。しかしそれは思いつきの、その場限りのリアクションです。私も相当しつこいですが、彼のほうもかなり粘り強い。私をトランポリンに乗せようと、一生懸命押したり引っ張ったり、それでもだめだと分かると、頭をコクンと下げて拝み倒そうとしたり、大きめの声を出して脅しをかけてきたり、手を変え品を変え攻めてくるのです。

こうした「いたずら心」が度が過ぎないよう注意したことは言うまでもありません。遊びの重点が、「ルールづくり」のほうに移ったかのような説明になってしまったかもしれませんが、決してそうではありません。目的はあくまでも彼が存分に遊ぶ、彼とたくさん遊ぶ、です。二〇分のうちの多くが、トランポリンとブランコを通して遊ぶことに費やされたのです。言い換えれば、C君のときのように、関係をつくりながら少しずつ彼との間にルールを入れていく、という発想はほとんどもたずに過ごしたのです。

さて、こうしたかかわりがどこまで功を奏したのかは定かではありません。肝心のディズニーランド旅行がどうなったかというと、アトラクションに乗りながら、やはり不敵な笑い声が聞こえていましたし、ディナーも行儀よく、落ち着いて食べることができました。

食べることは彼の数少ない楽しみの、おそらくは最大のものです。いつもの給食では、こちらが油断するとガバリと口に詰め込み、一気に丸呑みし、お代りはないのかと始まって話がややこしくなります。ない、と言うと、隣にあるじゃないかと手が伸びてきて、さらに話がもつれます。ディナーにお代りなんかあるわけがありません。間違っても、ホテルのレストランで話をややこしくするわけにはいかない。ゆっくりとか、少しずつとか、よく噛んでとか、小うるさくならないように声をかけながら、結構スリリングな時間を過ごさせてもらいました。

「意味」とは何か

以上がE君の例ですが、お伝えしたかったことは、いかにディナーが緊迫していたかということではありません。また私がどれほど努力したかなどという苦労話でも、当然ありません。ものを介した「やり―とり」という観点から見たとき、ここでは何が起きているのか、何が変わったと言えるのかというそのことです。

まずは、ブランコの「揺れ」という快が、彼のいる感覚世界でした。そこに私が関与しました。どの時点で私が「ひと」になったのか（この場合は「ひと―もの―自分」のひとです）、私は観察しきれていません。最初からか途中からか、トランポリンが加わったところからなのかはっきりしませんが、どちらにしても、トランポリンに移ったときには「ひと」になっています。

もう一つは、「ひと―もの―自分」の「もの」という第三項として、ブランコやトランポリンのみならず、「トランポリンに来てほしい―いやだ（いいよ）」という交流それ自体も加わったことです。私のほうから見れば、「やってほしい―いいよ（いやだ）」も遊びとして加わることになったわけですが、彼がそれをどこまで楽しんでいたかは、当然ながら分かりません。なぜ彼の脳裏にトランポリンが浮かび、そこに私を誘うという欲求が生じたのか、そのこともまた私の理解を超えています。

ここで考えたいことは、つぎのことです。D君の紹介をした最後に、彼にとっての「世界」の意味が変わっており、三項関係とは「世界」を編み変えるときの推力のようなもの（オルガナイザー）だと述べました。このことをもう少し言い換えてみます。

哲学者の竹田青嗣さんは、『現象学は〈思考の原理〉である』（ちくま新書）という本のなかで、人間世界の「意味」は言語によって分節されているが、それは、それぞれの実存の世界が欲望とともに分節された言語以前の意味の世界であることを土台にしていると述べあと、つぎのように書きます。

ともあれ、こういうわけで、「意味」のもっとも根本的な本質は、生き物の「実存」から発する「情状性―了解」（すなわち、情動の動きと、これに応じた何らかの存在可能へのめがけ）から立ち上がる、世界の有意義性の絶えざる編み変えということにあります。すなわち私のまわりの世界は、私の気分、感情、欲望、関心に相関して、またそこから現われる存在可能性に相関して、つねに「了解しつつ開示することにおいて分節可能である」ような意味の連関として展開しているわけです。（p171。ゴチック及び傍点は原文）

情状性とは気分のこと、了解とはなんとかしたいということ、と原文にあり、存在可能性とは、色々な在り方ができる、ということだと受け取ってよいと思います。

竹田さんのここでの指摘を思い切り単純化していえば、欲望（欲求）や関心のあり方と、めがけるという行動において、自分自身と世界のあり方が変わるということ、そうやって現われてくるそのつどの自分と世界の関係が「意味」だということ。つまり意味とは固定的で静態的なものではなく、そのつど編み変えられていく動態性をもつものだということです。

そしてこの編み変えの動力（オルガナイザー）となっているのが「ひと―もの―自分」です。

彼らの世界の「意味」

私たちから見れば「ひと―もの―自分」という関係が成り立ちにくく、自己刺激的な感覚にのみ大きく依存しているD君やE君の世界は、ではまったく意味のない、無意味としか言いようのない世界なのでしょうか。

そうではない、と私は思います。

もう一つ竹田さんの『ハイデガー入門』（講談社選書メチエ）という本から引きます。ハイデガーのキーワードが「配慮的気遣い」（そのつどの必要性、関心の向け方と言った意味）なのですが、その「配慮的気遣い」から見られた身の回りの世界はどう記述されるか。そのときのもう一つのキーワードが「道具存在」であると指摘した後、つぎのように書かれます。

> 要するに、身の回りの事物の「存在」が「道具存在」であると言うとき、それは、それぞれの事物の一般的、客観的な「何であるか」（→ハンマーである、テレビである、机である等々）ではなく、そのつどの実存の場面から捉えられたそのものの「存在意味」を指しているのである。／読者は、こうして「道具存在」が、つまり個々人のそのつどの「身体・欲望・関心・配慮」の〝遠近法〟から見られた「身の回りの世界」を意味することを理解するだろう。（p61。傍点原文）

先ほどの「意味」についての竹田さんの記述も、ハイデガーの哲学（とくに『存在と時間』）を受けて述べられているのですが、ともあれ、私たちの周りにある「道具存在」とは、実存の場面（つまりは一人ひとり）から捉えられた、そのつどの「意味」だということです。

私たちにとって回して遊ぶおもちゃという道具が、彼らにとってはかたかたと音を鳴らす道具かもしれません。本とは、紙をひらひらさせたり、つるつるとした感触を楽しむ事物かもしれません。それはそれで「道具存在」です。そしておそらくは、彼ら一人ひとりの「道具存在」とともに、周りの世界は「意味」として構成されているはずです。

むろんそこにとどまるだけでは、言語的意味の世界へ橋を渡していくことは難しい。どうやって「ひらひらと感触を楽しむ事物」から「本」という意味のある事物へと移ってゆくことができるか。だからこそ、そこでの「もの」を「ひと」と共有できるようにするべく試みるわけですが、しかし彼らは彼らなりに、「身体・欲望・関心・配慮」をもって「身の回りの世界」をつくっている。彼らなりの「道具存在」とともに「意味」の世界を生きているのだ、ということは指摘してよいと思います。

しかしまたそれは、たいへんに崩れやすい世界、不安定な世界です。常同行動、こだわり、パターン的儀式行動といった彼らの特徴は、不安定な世界を維持していくための方策だ、とくり返してきたのも、この、意味の世界がどうつくられているのかということにかかわります。

彼らの意味の世界は、たえず私たち大人からはたらきかけを受けます。それは、彼らの意味世界をそのまま認め、受け入れるようなはたらきかけではなく、「言語的意味世界」へ移るような促しとともになされるはたらきかけです。十分な配慮を踏んでなされるものであれば、まだ不安と混乱は小さくてすむでしょうが、なかなかそうはいきません。私たちにとってはあくまでも当たり前で、普通のはたらきかけそれ自体が、彼らにとっては自身の意味世界を脅かすものとなります。

喩えていえば、これまで身につけてきた一切の生活習慣をたえず干渉され、毎日毎日、その食事の仕方は違う、衣服の着方は違う、電車の乗り方が違う、挨拶の仕方が違う、と事あるごとに指摘されているようなものです。常同行動、こだわりといった彼らの特徴は、そのことと無縁ではないはずです。

ともあれ、彼らも彼らなりの意味世界を生きているのであり、そのもっとも基本的な在り方は、私たちと何ら変わるものではないということを、ここではお伝えしたいのです。まさに竹田さんが述べているように、私たち自身の「身体・欲望・関心・配慮」の在り方に応じて「意味」が変わるように、自閉症と呼ばれる子どもたちの「意味」もまた変わります。

彼らの世界が、「障害」や「症状」、「失調」といったものによる、ただネガティブなだけの無意味な世界なのか、それとも彼らなりの意味世界として、連続性や共通性をもって存在していると考えるか、まさに私たち自身の「欲望・関心」によって彼らの世界の「意味」も変わります。彼らの世界になにを見るか、そこには私たち自身が映し出されているのだとも言えます。

竹田さんのここでの指摘につぎのことも加えておきましょう。〝まとまりをもった全体世界〟は、安定しよう、保存しようというはたらきとともに、変化しよう、質的に変容していこうという相反する二つのはたらきをもつ、と述べたのですが、この質的な変容とは、まさに意味世界の編み変えです。発達とは、「身体・欲望・関心・配慮」の在り方を、根本から編み変えていくことでもあるのです。(*)

（＊）ピアジェは「同化」と「調節」によるシェマの「脱中心化」が発達であると言いました。これは発達心理学的なタームですが、類したことを哲学の言語として、「自己意識」が「承認」というキーワードとともに弁証法的に変容していくプロセスを、精緻に、徹底的に追求したのがヘーゲルの『精神現象学』でしょう。おそろしく難解な本ですが、もし関心をもたれるようでしたら、西研さんの『ヘーゲル　大人のなり方』（NHK出版）とともに読み始めることをお薦めします。

「意味」の世界とパニック

今日の話はここまでにしますが、意味とはなにか、意味世界とはなにかということを踏まえることで、パニックというものがなぜ引き起こされてしまうのか、また少し違った見え方をしてきたのではないでしょうか。精神科医である中井久夫氏が「妄想と夢」（『樹をみつめて』・みすず書房・所収）というエッセイで、つぎのようなことを書いています。

幻覚や幻聴、妄想は、統合失調症の患者にとって「自己と宇宙を恐怖がおおいつくすとき、それは救いでさえあるだろう」。なぜならば「言語的カテゴリーや因果関係なしに広義のイメージの世界すなわち視覚、聴覚をはじめとする感覚の世界に直面することはたいへんに恐ろしいこと」だからだと言います。そして「言語はリアルな世界を減殺するために生まれたのかもしれない」

とも書いているのですが、この件を読んだとき、真っ先に「自閉症」の子どもたちが生きている世界を連想しました。

中井氏は、言語的意味の世界を念頭にしてこれを書いているのですが、「自閉症」の彼らもまた、おそらくはここで述べられている「恐怖」と背中合わせになっていると推測されます。かろうじて保っている「意味世界」の秩序が一気に崩れ、まさにむき出しの「リアルな感覚世界」に直面させられてしまう体験、そのときパニックとなり、激しい混乱や恐怖に直面するのではないかと思われます。

前回、C君とのかかわりのなかから、パニックが引き起こされる原因を六点ほど取り出したのですが、もう一度列記してみます。

（一）こだわりが阻止されたとき。（二）知覚・感覚の過敏さや偏りに関するもの。（三）見通しがもてず、エンドレスに似た状況のなかに置かれたとき。（四）そばにいる大人がキーパーソン的役割をはたすことができないために混乱に追い込まれたとき。（五）プライドを傷つけられたことへの怒り。（六）嫌な記憶のフラッシュバック。

感覚を手がかりとし、こだわりやパターンといった行動様式と、頼るべき大人へ大きく依存しながら、彼らは彼らなりの「意味」世界の秩序を生きています。つまりパニックというものは、彼らの世界がどれほど孤立し、儀式的行動や常同行動と自己刺激的感覚に覆われたものに見えようとも、彼らなりの「意味」と秩序をもった世界を生きていることを、逆に告げているのです。

▼第七章

意味世界の広がり

言葉での簡単な「やり―とり」が可能なＦ君

前回、「自閉症」の子どもたちとは「私」が育ちそびれた子どもたちのことである、と述べました。育ちそびれをもたらす大きな要因が、「ひと―もの―自分」という、「もの」を介した「やり―とり」の難しさであり、それは意味世界をしっかりとつくっていくための大きなハンディキャップになる、ということを示していました。そして「やり―とり」がどんなものか、二人の例を出して説明したわけですが、きょうは「私」の育ちそびれとはなにか、という点を中心にお話ししてみたいと思います。

ここでＦ君に登場してもらいます。

Ｆ君は現在、高等部を卒業し、ある作業所に通っています。私は直接担任したことはないのですが、中学部時代の三年間をいっしょに過ごしました（そのとき私は学級担任を外れ、あるポジションにいたのですが、それは比較的自由にどの子とも接することができる立場でした）。

少し前のことになりますが、卒業生たちが顔を合わせる青年学級に出かけたとき、久しぶりに彼と会いました。体育館に入ると、他の卒業生たちがビーチボールバレーをしているなか、彼はステージの上で上手から下手へ走ったり、真中でとび跳ねたりしていました。担当の教員と話をしていると、私を見つけた彼はにこにこしながら駆け寄ってきて、「み、き、お、せんせい、おはようございます」と、声をかけてくれました。

私がわざと、あれっという顔をしてみせると、ちょっと考えるような顔になっていましたが、やはり「おはようございます」とくり返し、「F君、おはよう。しっかり挨拶ができたね」と答えるのを聞くと、笑顔に戻ってステージのほうに走って行きました（このやり取りにはちょっとしたいわくがあるのですが、それについては後でお話しします）。

私の知っているF君は社会性も比較的に育っており、集団で行動することもできますし、作業のような学習にも落ち着いて取り組むことができます。こちらの言っていることも理解し、言葉も、オウム返しになることもありますが、分かる内容であれば、彼に独特の答え方で、受け答えをします。ひらがなの読み書きもできます。

いま、社会性が比較的に育っている、と言いましたが、「自閉症と呼ばれる子たちにあっては」という留保が必要でしょう。やはり頑固な面をもっていて、たとえば、食べることは好きなのに、給食のお代りは拒否します。けっこう（かなり？）太っているので、小学部時代、お代りなしは厳守だったようです。それが固着となってしまったのか、拒み方がちょっと尋常ではありません。お代りどうぞ、とわざとくり返すと、「いや」という声がだんだん険しくなります。適当なところでやめないと、おそらく怒りが嵩じてパニックになってしまうだろうと感じさせる拒み方なのです。

先ほどの「おはようございます」ですが、彼との間で、こんなやり取りをしていました。バスを降りた後、私を探し出し、「おはようございます」の挨拶をしに来てくれます。ここでもまた私はいたずら心を起こすのですが、給食のあとの自由な昼休みの時間に、気をつけの姿勢で彼の前に立ち、挨拶は？　と尋ねてみました。やはり「おはようございます」と返ってきます。

「ちがうよ」と言うと、最初はとても困った顔のままです。給食を食べましたか？　と聞くと、「食べました」と答えます。「F君、給食を食べた後の挨拶は、おはようではなく、こんにちは、と言います。分かった？　大丈夫？」「分かりました」。

そうしたやり取りのあと、しばらくたって再び給食後、彼の前に立ちました（朝の挨拶は、その間もくり返されていました）。彼の答えは「おはようございます」でした。あれっという顔をして見せると、考える表情になりましたが、「こんにちは」は出てきません。ちょっと待ってから、私が「こ、」とだけ言うと、「こ、んにちは」と返ってきました。こうしたやり取りをつづけながら、朝は「おはよう」、給食後は「こんにちは」というやり取りが少しずつ定着していきました。

おもしろかったのはこのあとです。ある朝、私のところにやってきた彼が、真顔で「み、き、お、せんせい、こんにちは」と言って立っているのです。混乱させたかなと心配になった私は、「どうしたの？　F君、朝は、こんにちは、だっけ？」と言うと、とたんに、にこにこっと笑顔になりながら、「おはようございます」と言って、教室に走って行ったのです。そうか、やられたな、と思いました。わざと間違えたふりをして、私をからかったのです。そうとなれば、こちらもつぎの一手を考えないといけません。

彼がからかいに来る機会を待っていたところ、しばらくたった朝、ふたたび「こんにちは」と言ってきたので、「はい、こんにちは。きょうも元気で、がんばってください」と答え、あとは知らん顔をしていました。

彼は急に困った表情になりました。どうするかな、と待っていると、「みきおせんせい、おはようございます」と言い換えたのです。「そうだね。F君も、みきおせんせいも、間違えました。おはようございます」というと、ほっとしたように笑顔になって、教室に向かいました。

そのあとも、わざと間違えたふりをしてはにこにこして、こちらがどう出るか待っている、といったやり取りはときどき見られたのですが、この間、二年以上の歳月がたっていました。青年学級で会ったときの「おはようございます」には、こうしたいきさつがあったのでした。

ここまでは今日の導入で、本題はここからです。

F君とのキャッチボール

キックベースボールというゲームがあります。細かな取り決めはいろいろありますが、基本的なルールは野球と同じで、ホームベースに置いたサッカーボールを蹴っては塁を進み、ホームベースに戻ってきて点を取り合うゲームです。秋になると、キックベース、リレーと二つにチーム編成し、県下の養護学校中学部からチームが集まり、トーナメント形式で試合をします。年に一回の中学部のスポーツ大会です。

「自閉症」の子どもたちは、ルールが複雑で活動が一定しておらず、集団で行なう野球のようなゲームはことのほか苦手です。一塁まで行くのかと思っていたら二塁まで行かされたり、アウトだからと戻されたり、ファールだからとやり直しをさせられたりと、めまぐるしい変化は彼らを混乱させます。練習中、怒って泣き出す子もいます。

子どもたちの混乱はルールの複雑さだけではなく、声かけがあちこちから飛んできて、しかもときに異なった指示（ある人は進めと言ったり、ある人は止まれと言ったり、というような）が出されることです。そこで、だれがどの子に声をかけるか、きっちりと決めました。応援のお母さん方や教員たちにも、応援は、がんばれとか、しっかり、と言ったものにとどめてもらうようお願いをしました。

チームとしてかたちをつくっていくまでには、工夫もあり、ユニークなエピソードもあるのですが、長くなるので詳細は省きます。私はキックベースの担当をしており、毎年、十数人の子どもたちでメンバー編成していました。

F君は、三年間、選手として試合に参加したのですが、その三年間の変化が、きょうお伝えしたいテーマです。正直に言うと、一年目にF君がキックベースのメンバーだと知ったとき、じつはたいへん困りました。

試しに彼とキャッチボールをしてみると、つぎのような様子だったからです（キャッチボールというより、バスケットボールの受け渡し、といったほうがいいのですが、キャッチボールとして進めます）。体育館で遊んでいた彼を呼び、その一メートルほど前に立って、「はい、いくよ」と山なりにボールを投げてみました。彼は両手を開いたまま、受けるというより、よける、という反応を見せました。ボールが飛んで来るとよけてしまうのです。それが最初でした。

何回かくり返すうちに「受けとる」という動きは身に付けましたが、問題は「投げる」です。投げるというより、目の前にゴロンと落とすという動きになってしまい、これはしばらくつづきました。

もう一つ困ったことがあって、ボールを私に投げ返すと、一目散に走り去ってしまうのです。もともと、好きでもないことに付き合わされているわけですし、じっとしていることが苦手なF君ですから、当然といえば当然です。呼び戻されては受け取り、ゴロンと投げては走っていく。フラフープのようなリングを置いて、ここから出ないように、というルールも決めてみましたが、やはり、二回か三回までが限度のようでした。チームの一員となったからには必ず一度は試合に出てもらう、というのがモットーです。彼を、どうメンバーとして加えていくか。

キックベースでのF君の変化

一年目。守備に付くと、いつの間にかいなくなります。いや、外野のどこかにいるのですが、試合中なのにグランドの草をとったり、スキップをして駆けまわったりと、「ちょっとまぎれこんできた人」のようになってしまうのです。視線もほとんどこちらのほうに向きません。

選手一人ひとりに、今年はこういうことを身につけてほしいと、目標を決めるのですが、F君には、ボールを蹴ったら一塁まで走る、そしてコーチャー担当の教員の声かけで進塁したり止まったりする。そのことを最大の目標にし、守備には目をつむりました。

二年目。「蹴る—走る」は、ずいぶん上手にできるようになっていたので、守備を何とか上達させたいと考えました。そこで三塁手にし、ベースから離れないように、という取り決めをつくって、練習に臨みました。最初は苦痛だったようで、我慢しているのがよく分かりました。定着してきたところで、もう一つルールを入れても大丈夫だと判断し、ボールをとったらすぐにキャッチャーに返す、という練習も始めました。

そして試合に臨んだところ、ベースを離れることはありませんでしたし、ボールをじっと見て、競技に集中している時間も増えていました。試合のなかで、二、三度ボールを捕る機会がありました。ベースを踏む必要はないのですが、必ずベースを踏んでからボールを返すのは、まあご愛嬌。いや、彼は自分に課せられたルールをしっかりと守っていたわけです。彼との最初のキャッチボールが目に焼きついていますから、ここまでやってくれれば、私にとってはもう上出来以上です。

この二年目の春、彼はなぜか、ソフトボールクラブに自分で希望して（と、担任に聞きました）入ってきました。このとき彼には一人の教員に最初から最後まで付いてもらい、キャッチボールをくり返しました。だんだんと格好がついてきて、グラブを付け、それこそキャッチボールの真似事以上のことができるようになったのです。そのかいあってか、「受け捕る—投げる」に関しては、ずいぶんと上達したのです。試合での成長の背後にはこうした積み重ねもありました。

三年目の抜擢

そして三年目。F君に一塁を守ってもらうことにしました。ピッチャーとキャッチャーとファーストが、キックベースでは守備の要《かなめ》になります。キックベースのピッチャーは、バッターにボールを投げることはしません。いわゆる投手ではありませんが、内野のまん中にいて、相手が蹴ったボールの七割から八割を処理します。

一塁手は、ピッチャーから投げられたボールをしっかり捕り、ベースを踏むことができなければ、アウトにはできません。それだけではなく、すぐにキャッチャーにボールを返さなくてはなりません。キャッチャーがボールをベースにおいて、ボールデット、つまりそこで相手の進塁が止まります。

逆にいえば、一塁手がボールをすばやく返してくれなければ、つぎつぎと進塁され、相手の得点が増えてしまうわけです。ピッチャー、キャッチャー、一塁手、この三つのポジションがしっかりしていなければ、試合のかたちにはなりません。つまり私は、だいじな守備の一角に彼を抜擢したわけです。

「ボールを受けとる—ベースを踏む—キャッチャーに返す」という一連の動きが、練習を重ねるうちにだいぶかたちになってきましたが、大きな問題が一つ残っていました。逸れたボールが投げられたとき、ベースから離れて捕る、そしてベースを踏み直す、という練習をしていなかったのです。彼はベースを踏んだまま立っていますから、ボールが離れたところに投げられると、後ろに逸らしてしまうことになります。

くり返しますが、「ボールを受けとる—ベースを踏む—キャッチャーに返す」という一連の動きに対応できるようになっただけでも、彼にとっては大きな成長です。そこに「ベースから離れる—ボールを受けとる—ベースに戻る—キャッチャーに返す」と、ヴァリエーションが一つ加わるだけだということになりますが、投げられたボールの位置に応じて自分の動きを変化させることまで要求することは、控えたほうがいいという判断を私は採りました。そこでピッチャーをしていた生徒に、「投げる前に、F君！　と声をかけること」、「ベースを踏んだままでも捕れるボールを投げること」という点を徹底させることにし、あとは出たとこ勝負、という感じでした。

他の守備位置ならば、少しくらい注意が逸れても何とかなります。ところが一塁手は、守っているあいだ、たえずボールに集中していなければなりません。不安がないわけではなかったのですが、試合中の彼の集中力は、私の予想をはるかに超えていました。一度も注意を逸らすことなくボールに反応し、素早く返すという、自分の役目をしっかりとはたすことができたのです。

F君の変化をどう考えるか

ここまでのF君の変化を簡単に言えば、キャッチボール（ボールの受け渡し）さえままならなかった最初の状態から、「ボールを受けとる—ベースを踏む—キャッチャーに返す」という一連の動きを習得していくまでのプロセスです。通常ならば、一つひとつの動きをパターン的に獲得し、それらをつなげることができるようになった、というのが一般的な理解の仕方なのでしょうが、もう少し踏み込んで、「やり―とり」という観点からどう説明できるでしょうか。

まず、ボールを受けとることも、投げることも、F君はできません（しません）でした。そこから私とのキャッチボールを身につけるために、「受けとる―投げる」を始めるのですが、ここで特徴的なことが二つ現われています。一つは、「投げる」というより、ボールを落とす、という投げ方であったこと。つまり、この私（佐藤）に投げる（投げ返す）という意思が感じられなかったこと。それは、ボールを投げたあとすぐに走り去ってしまうことからも推測することができます。

つまり、彼がボールを「受けとる」ということは、投げた相手である、この私（佐藤）という存在の働きかけを受けとめることのはずです。同様に、「投げる」とは、この私に向けて投げ返すということで、やはりこの私の受けとめです。それがあって「能動―受動」の相互的な「やり―とり」、つまり能動が受動であり、受動が能動であるような「やり―とり」が可能になるわけです。しかしF君にはこの私が受けとめられていません。

私とのキャッチボールが上手になっていったF君ではあっても、いざ試合になると「ちょっとまぎれ込んだよその人」だった、それが一年目の実状だったことは先ほど述べた通りです。つまりこの段階でのF君は、「やり―とり」の場から、この私（佐藤）が消えています。「ひと―もの―自分」における「ひと」がまだ意識されていません。「ひと」が意識されないとき「やり―とり」を成り立たせるのが難しくなる、ということは前回お話しした通りです。

二年目。先ほど、ベースを踏んだまま離れないこと、という約束を設けたと言いました。試合中、注意の逸れそうな子には、「～～君、ボールが行くよ」と声をかけるのですが、当然、F君にも私の声が飛びます。興味深かったことは、彼がベースを踏んだまま、ときどき、ちらっ、と私のほうを見ていたことです。ベースから離れたくなったときに、私を見ることで自分の行動をコントロールしていたようなのです。ひょっとしたらこのときのF君にとって、試合に参加することとは、ベースを踏んだまま離れない、という私との約束を守ることだったかもしれません。

しかしそれもまた、立派な私との「やり―とり」です。この私との「やり―とり」になっていることによって、ゲームに参加することが可能になっています。ルールも理解せず、ただ我慢しているだけではないのか、と考えるのは表面的な理解であり、たとえボールが彼のところには飛んでこないにしろ、私との「やり―とり」が成立していること、それがここでの大きな変化です。

三年目。初めてファーストの守備についたとき、最初はやはり混乱していました。受けとる相手と、ボールを投げ返す相手が違っていることの理解が、最初の課題でした。彼にとってのキャッチボールは、同じ相手に投げ返すことであり、ピッチャーから投げられたボールを、F君はキャッチャーではなく、どうしてもピッチャーに返してしまうのです。

返す相手が違う、と注意されるわけですが、そのつぎに彼が見せた反応は、ボールを受け取ったあと、少しのあいだ私の声かけを待っている、というものでした。そこで私は、キャッチャーの後ろに立ち、「F君！」と声をかけることにしました。それで投げ返す相手がキャッチャーだということが定着していったわけです。

試合でどんな様子をみせてくれたかはすでに書いた通りですが、たぶん私は試合中、「F君、こっちだ」という声かけをほとんどしていないと思います。安心して見ていられたどころか、ここまでできるのかと驚きさえ感じていたのですから。

ここでのこの私は、キャッチャーの背後に引っ込んでいます。一年目、二年目は、彼にとってのゲームに参加することの意味は、私との「やり―とり」を、キックベースというゲームの場でどうつくるかということでした。しかし三年目になると、もう私の役割はずいぶんと減っています。チームの仲間たちとの「やり―とり」になっています。「ひと―もの―自分」という構図における「ひと」が、この私という特定の一者ではなく、複数になって「やり―とり」がなされているわけです。

よく仲間意識とか集団意識といった言葉を使い、それが育ち始めているかどうか、といった論議がなされます。「自閉症」の子どもたちにとってはたいへん苦手な課題なのですが、その事情がこのあたりにある、と考えてよいだろうと思います。

以上が、F君の変化についての考察です。

「やり―とり」の変容と自己像

前回から述べてきたことを、少し整理しながらまとめてみましょう。

(1)「(ひと)―もの―自分」

まずは、感覚に大きく依存した常同的行動の色濃い世界があります。感覚に依存してはいますが、その子なりの「意味」があり、基本的な世界体験のあり方は同型であると述べました。しかし不安定で崩れやすい世界であり、「ひと」への気づきがなければ、「やり―とり」の成立は難しく、言語的意味の世界へと変容することは難しさを伴っています。

（2）「ひと（への気づき）―もの―自分（への気づき）」

物を媒介とした「やり―とり」が成り立つための「ひと」への気づきとは、相手（ひと）によって受けとめられる自分への気づきでもあると述べました。「ひと」と「自分」への気づきとは、「能動が受動」（自己二重性）であり「受動が能動である」（自他二重性）ような、「やり―とり」の相互的二重性のはじまりです。いわゆる「意味」の世界、一般的、文化的、言語的「意味」世界の萌芽です。

くり返しますが、あくまでも〝はじまり〟であり、〝萌芽〟です。D君、E君はじめ、重い知的ハンディをもつ「自閉症」の子どもたちの多くが、この（1）と（2）の世界を生きているといってよいと思います。

（3）「ひと（特定の一者）―もの―自分」

ここでは、「やり―とり」の世界がさらにはっきりとした意味世界となっていくわけですが、まだ「ひと」が特定のある一人に貼りついて体験されることがここでの特徴なのですが、しかし逆に言えば、この特定の一者こそキーパーソン的存在となります。「やり―とり」をしっかりとしたものにしていくためには、特定の一者という意味ある存在を必要とするわけです。

「特定の一者」というこの段階での特徴は、「やり―とり」の全体が、特定の状況や場所と貼りついて体験されるというもう一つの特徴ともなります。このことが、彼らの多くが一対一対応のパターン習得が過半であり、応用や一般化が難しいと言われる特徴ともなるのですが、ここから先へ進むためには、「ひと」が複数となったり入れ替え自在になったりすること、「もの」が具体物を離れ、表象性を帯びること、といった変容が必要なようなのです。

（4）「ひと―もの―自分」の成立

ここでの「ひと」は特定の一者ではなく、さまざまな「ひと」に入れ替えができること。複数のなかに一者を表象できること。「もの」も具体物にとどまらず、さまざまな記号的な「もの」との入れ替えができること。それがどう獲得されるかによって、パターン習得的な行動が少しずつ広がり始めていくのではないかと思われます。

通常の、教科書的な意味で使われる「三項関係」は、この段階からはじまる「やり―とり」です。

どこに「私」の弱さがあるか

面倒な議論がつづきました。ここまで何を説明しようとしてきたのかといえば、「やり―とり」によって「私（自己）」がどうつくられていくのか、そのプロセスを追いかけることでした。結論めいたことを言えば、ここに取り出した（1）から（4）までの変容が、彼らなりの「私」が育つ過程です。

滝川一廣さんは、『『精神発達』』とは個体であったｂｏｄｙがこの共同世界に歩み入り、この世界を自分も共有していくプロセス」であり、「〈理解〉とは共同的理解」、「〈関係〉とは共有的・共感的関係である」と、精神発達の概略を指摘しました。[*1] 滝川さんのいう「精神発達」もまた、「ひと―もの―自分」という「やり―とり」を通して立ち現われてくる「私」の全体だと受けとることができます。[*2]

補足するなら、「私（自己）」とは何ら固定した実体ではなく、「ひと」に働きかけられ、「もの」という対象に向かい、その連関のなかでその都度現われてくる〝はたらき〟です。そして「私」がつくられていく過程というのは、「関係（共感的・共有的関係）」がどうつくられていくか、「共同的理解」とか「認識」と言われるものがどんな育ちを見せていくのか、その過程と不可分でもあります。

いま改めて気がつくのですが、F君との挨拶を通した言葉の「やり―とり」も、キックベースという取り組みにおける「やり―とり」も、（2）と（3）から、どう（4）への変容を促すか、というところにポイントが置かれています。当時、このことをはっきりと見据えていたわけではないのですが、一定の場面に貼りついていた「もの（挨拶言葉）」を場面から切り離そうとし、キックベースではこの私という一者に限定されていた「ひと」をシンボル化したり、複数者との入れ替え自在な「ひと」へと変えようとしていた、と言うことができるでしょう。

「自閉症」の子どもたちとのかかわり（やり―とり）のなかで、「もの」をどう変容させるか、「ひと」をどう変容させるか、それが大まかな筋道だということになるわけですが、ここに彼らがぶつかるもっとも難しい問題が現われてきます。通常ならば、「やり―とり」は、言葉の育ちとともに、やがて記号操作や象徴操作といった力の獲得と結びつき、一気に世界を広げていきます。ところが、多くの「自閉症」の子どもたちは、ここで踏みとどまってしまいます。これまで、発達における量的拡大と質的変容として何度か述べてきた問題です。

F君にあっても、「ピッチャーからボールを受け取る、ベースを踏む、キャッチャーに返す」という行動は獲得したのですが、ここから先へ進むためには、まだまだ長い道のりを経なければなりません。キックベースにどれくらいのルールがあるか、すべてを数えたわけではないのですが、それを一つひとつ取り出し、反復し、そして習得していくなどということが、はたして可能なのかどうか。

キックベースのみならず、ある一定のルールのもと、状況に応じてどう行動を変化させるかは、「自閉症」の子どもたちにとってもっとも大きな壁となるところです。ルールを一つひとつ習得していくといった量的蓄積だけでは、この壁は越えられません。ここを越えていくときの大きな力が、記号操作や象徴操作と言われるものです。

F君について、とても印象深いエピソードがあります。

給食のときにこんなことがありました。そのとき彼の担任は、若くて、とてもサッパリとした女性教員でした。時どき思いもよらない言動で周囲を驚かせるのですが、そのとき彼女が何をしたか。余っていたハンバーガー用のパンを二個手にすると、自分の胸に当て「F君、これ、なあに?」と尋ねたのです。F君は指さすと、間髪をいれずに大きな声で「パン!」。

私はそのとき給食の応援に入っていて、F君と一緒に食べていたのですが、つい、大声で笑ってしまいました。「そうだよね、F君、パンだよねェ。みきお先生、笑いすぎ。失礼です」と言いながらも、担任もやはり笑っています。

このとき、F君は三年生。簡単なひらがなの読み書きができ、これまでに述べてきたような変化を見せていたF君にあっても、記号操作や象徴操作といった問題になると、こうした大きな壁にぶつかります。どうもこの辺が、彼らの「私（自己）」が育ちそびれているというときにぶつかる、最大の難関のようなのです。

そしてここではっきりと現われてくるのが「私（自己）」の二重性の問題、「能動―受動」の相互二重性の弱さ、という問題です。

（＊1）未発表講演記録「発達からとらえた発達障害」。
（＊2）村瀬学さんならば「心的現象の総体」というでしょう。

「私（自己）」の育ちそびれはどう現われるのか

つぎのケースは簡単にお話しします。

小学部時代、学習のグループで「テレビごっこ」という遊びを設定しました。段ボール箱を切り取って大きな枠をつくり、テレビに見立て、そのなかで、ある役になって演じる、という遊びでした。五人のグループだったのですが、なかに一人、「自閉症」の女の子がいました。G子さんとしましょう。
日常の簡単な会話は可能なのですが、いやなこと、不都合なこと、嫌いなことに少しでも話が及ぶと、耳をふさぎ、「あ〜、やめて、やめて」とか、「だめでしょう。もう言わないの」と声を大きくし、ちょっとばかり騒ぎになるという面がありました。気持ちが不安定になってくるにつれ、いやなことに触れられた場面が頭に浮かび、離れなくなるようなのです。教員に言われるかもしれないと（そんなことはまったくないのですが）、先立って防御しようとするためなのか、「〜〜は言わないの。ね。言わないの」と独り言をくり返したり、教員に訴えてくるということがしばしばありました。

G子さんが好きなのはテレビを見ることと、好きなアイドル歌手になりきって歌うことです。教室でも自分を姿見に映して、アイドル歌手になって歌っている様子がよく見られました。普段は明るさが出ている子なのですが、現実と自分の内面（ファンタジー）との調整がうまく付かないためなのか、大きな葛藤を抱えているようでした。

そんなG子さんのグループで行なった「テレビごっこ」ですが、「おかあさんといっしょ（ピッコロの役）」「きょうの料理」「歌番組」など、いくつかのメニューをつくり、それを選んで順番に皆の前で演じる、という組み立てでした。

当然、G子さんはノリノリで参加します。自分が演じるときにはすっかり役になりきっていますし、他の子が演じているときにも、目を凝らして見ています。大好きなのはピッコロと歌番組ですが、カードを引いてそこに描かれた役が自分の役となる、という設定をしていたので、そのルールはよく理解していました。

この「テレビごっこ」には「（自分が演じるのを）見られる―（他の子が演じるのを）見る」という構図があり、ポイントは「演じる自分」が見られることと、「演じる相手」を見ることです。その二つが成り立つことによって「テレビごっこ」は成立します。

G子さんは、先ほども言ったように、なりきっているほど没入して演じていますし、他の子が演じているときにもよく見ています。この遊びは他の子どもたちにも好評で、まずは成功したか、と考えていました。ところが、回を重ねるにつれ、他の子とG子さんの反応が異なっていることが気になりだしたのです。

「自閉症」ではない子（仮にY子さんとするなら）、Y子さんは「Gちゃん、じょうずねェ！」とか、誰かがふざけたり失敗したりすると、「○○君、へたねェ」などと言って、教師に相づちを求めてきます。反応が共感的であり、共有的です。

Y子さんは、演じているG子さんと実際のG子さんを、区別して受けとめていることが分かりますし、友だちが演じている、というそのことを楽しんでいます。また自分が演じているときも、友だちに見られていることを意識するように、ときどき周りの様子がうかがっています。終わったあとも、「ねえ、見た、見た？」と声をかけてきたりするのです。自分が演じている、それをみんなが見ている、そのことを楽しんでいる、ということが分かるのです。

ところがG子さんの場合、楽しみ方がY子さんとは、はっきりと違います。友だちが演じているのを見終わったあとの関心が、上手にできたかどうかとか、どんなふうだったかといったことではなく、ピッコロが出ていた、コックさんが出ていた、歌番組には光GENJIが出た、という「だれが出ていたか」のほうに集中しています。こちらが尋ねれば「Y子ちゃん、じょうずだった」と答えるのですが、友だちの○○さんや△△君が、これこれの役をやっていて、それが楽しい、という反応はほとんど見られません。

G子さんが、友だちが演じているときにどんな様子かというと、どうも演じている友だちを自分に置き換え、自分もその役になって一緒に演じているらしいのです。だれがどんな役をやろうと、目の前で演じているのは、いつでもなり代わって演じている、空想の自分です。そのことが楽しい、というのがG子さんの楽しみ方のようなのです。

自分が演じているときも同様です。G子さんの関心は、うまくできたか失敗したかという点に集中し、友だちが見ているとか、自分が見られている、といったことへの意識はほとんど感じられません。この授業をしたのはもう二十年も昔のことになりますが、当時は、この違いをうまく説明することができませんでした。ここで「能動―受動」の相互二重化理論を用いると、つぎのように考えることができます。

「テレビごっこ」がどう体験されているか

先ほども言いましたが、この遊びには二つの楽しさがあります。

一つは「見て楽しむ」であり、もう一つが「見られて楽しむ」です。「見て楽しむ」ならばよく分かるのですが、「見られる」ことがなぜ楽しいと感じられるのでしょうか。「見られる」ことが、なぜ「ごっこ遊び」として成り立つのでしょうか。

それは〝演じている〟からですね。演じていることを見て（意識して）いるもう一人の自分がおり、演じていることを理解していればこそ、「見られる」ことが楽しいのです。「見る」ときも同様です。ピッコロや料理といった素材それ自体の楽しさに加え、友だちがその役を〝演じている〟という理解があるからこそ、見ることが楽しいのであり、ごっこ遊びとして成り立つことになります。

このことを図示すると、つぎのようになります。（1は普段の自分、2は演じている自分）

a. 自分が演技者の場合

「**自分**《自分1（見る）…→自分2（見られる）》**（見られる）←友だち（見る）**」

b. 友だちが演技者の場合

「**自分（見る）→友だち（見られる）**《友だち1（見られる）←…友だち2（見る）》」

つまり「演じる」というごっこ遊びの場合、演じているほうは、「普段の自分」と「演じている自分」の二重になり、見ている方は、二重化した相手を、二重の存在として、同時に見ているという構図になります。これがY子さんの場合です。ところが、E子さんの場合、この構図が違っています。

ⓐ自分が演技者の場合

「**自分**《自分1（見る）…→自分2（見られる）》**（見られる）←友だち（見る）**」

ⓑ友だちが演技者の場合

「**自分（見る）**→友だち（見られる）《友だち1（見られる）←…友だち2（見る）》＝…**演じる自分（見られる）**」

自分を二重化することはできているのですが、ごっこ遊びの「やり―とり」構造が同時にもつはずの、相手も同じように二重化しているという点の理解（受けとめ）において、G子さんの弱さがあると言えます。このことが、G子さんとY子さんの相違です。

そしてこれが、自閉症の子どもたちの「私」の育ちそびれのもう一つの姿です。自分と相手を同時に二重性として受けとめ、その二重性のなかで「やり―とり」をする。このことが、「見立て遊び」や「ごっこ遊び」が成りたつための要因であり、記号操作や象徴操作と言われるものを獲得するための、おそらくは重要なポイントです。

G子さんは、日常の簡単な会話はできますし、ひらがなを習得し、文章を書く力ももっています。言葉や文字の使用は記号の操作ですから、象徴性の獲得という点でも比較的進んでいるだろうと考えたくなるところなのですが、そう簡単にはいかないところに彼らの難しさがあります。

「私」の育ちそびれとはなにか

第四章のお話の際に、**新たな体制を取りこみながら、質的に変容させることの困難が「自閉症」の子どもたちの特徴であり、社会性の弱さとか関係性の弱さと言われる基本要因の中核に潜む問題なのではないか**、と言いました。このことをどう考えるか、なぜこうした事態に至るかについては、もう少し順を追って説明しなければならない、とも述べておきました。

ここで、つぎのような仮説を提示して、今日の話の締めくくりとしましょう。

ここまで、「ひと—もの—自分」という「やり—とり」を通しながら育つはずの「私（自己）」が、それぞれの子どもたちにおいてどんなあり方をしているのか、そのことを明らかにしようとしてきました。「私（自己）」の育つ過程（つまりは共同的理解と共有的・交流的関係の相乗作用である精神発達のプロセス）をたどってきたわけです。

「私（自己）」が育つとは、「私（自己）」が二重化していく過程であり、そのプロセスを追いかけてきたわけですが、端的に言ってしまえば、**質的な発達変容とは、まさにこの「私」の二重化に深くかかわります**。「私（自己）」という「自—他」の二重構造が育ちそびれてしまうことこそが、質的発達変容が起こりにくいという問題の中核要因なのではないかと思われるのです。象徴操作や記号操作の困難もここに起因します。応用とか般化とか、普遍化といったはたらきも、この「私（自己）」の二重化抜きには起こりえないのです。

ではなぜ「私（自己）」の育ちそびれが、関係や社会性のおくれという問題とつながるのでしょうか。

「私（自己）」とは、人とのかかわりにおける、また現実世界における自己の了解のあり方であり、自己認識です。この自己認識の育ち（深まり）とは、いわば、「私のなかの私」という関係の深まりであり、この深まりこそが、質的発達変容を促す推力となるものです。逆に、質的な発達変容がおこるからこそ、「私のなかの私」という関係が深まっていくわけです。

「私のなかの私」との関係を深めていくことの困難、それが自閉症の子どもたちが見せている問

題であり、関係や社会性のおくれとなるのではないかと考えるはこの点によります。くり返しますが、関係や社会性の育ちとは、「私のなかの私」との関係の深まりでもあるのです。

矛盾を抱えながら生きることの困難

改めて思うのですが、人間は人間であることによってたくさんの矛盾を抱え込んでいます。本音と建前とか、裏表とか、両義性を抱えながら生きているのが人間存在です。どれほど行きたくないと感じる学校や会社でも、休むわけにはいかないともう一人の自分がだめ、なんとか出かけていきます。こいつはなんて無礼なやつだと腹の中では思いながらも、にこやかに、そうですね、さすがですね、と口にしなければならないときがあります。清濁併せ飲むという諺があるように、こうした矛盾、背理、逆説、両義性は、人間がどうしようもなく抱え込むものです。

ところが、自閉症の子ども（人）たちほど、そうした本音と建前とか、裏表とか、両義性といったものと縁のない存在はいません。端的に言ってしまえば、彼らは嘘というものをつかない。つくことができないのです。次回、詳しくお話ししますが、この特徴は、アスペルガー症候群と呼ばれる子ども（ひと）たちの言葉の問題として、端的に現われてきます。

そのことを、心がきれいだからとか、性格がまっすぐだから、と理解するのはあながち間違いではないでしょうが、そうではなく、これまで述べてきた「私」が二重化していないという、「私」の育ちそびれからやってくるものです。

言ってみれば、「自閉症」の子ども（ひと）たちとは、「私」の二重化の育ちそびれによって、矛盾や両義性を、矛盾や両義性としてそのまま抱え込んで生きることが困難であり、それゆえに、白か黒か、たえずどちらかを決定せずにはおれない存在なのだと言えます。

彼らが下す決定は、彼らなりの「正しい」という判断に拠っています。私たちの常識から見て、どれほど外れた判断であろうとも、そこには彼らなりの論理があり、理由があります。そして嘘がつけない、両義性や矛盾を生きられないという彼らの特性が、ときに、生きていく上での大きな苦しみや葛藤となっていくのだと思います。

ここが、少しでも多くの人に理解してもらいたいと願う最大のところです。

▼第八章

言葉とその周辺をめぐって（一）

言葉のない子に「言葉が出る」ということ

私の話も八回目になりますが、今日のテーマは言葉の問題です。

最初に正直にお伝えしておかなければならないことは、私は、言葉をどう育てるかという課題を正面に据えて取り組んだ、という体験をもっていません。お話ししてきたように、私がかかわってきたのは言葉のない子たち、言葉以前に課題のある子どもたちがほとんどでした。その結果、言語指導とか言語治療と呼ばれる領域に関して本格的に取り組む機会がなかったということ、それが理由の一つです。

もう一つは、言葉の問題というのは本当に難しくて、関心をもちながらも、どこからどう切りこんでいけばよいか、ずっと考えあぐねてきました。今もそうです。言語理論や言語思想については触れてきたのですが、言葉の本質論をどこからどう展開すればよいのか、今もって暗中模索というのが正直なところです。

したがってこれからお話しすることは、中間報告といいますか、言葉についての私なりのスケッチといったものになるかと思います。また言葉の問題そのものというよりも、言葉とその周辺にある問題、認識や知覚の問題を含むものになるだろうと思います。この二点を最初にお断りしておきます。

私のかかわった子どもたちのなかにも、言葉の点で大きな育ちを見せた、という子が何人かいました。一番印象的だったのは、教員になって一年目、最初に担任したある子の著しい変化に出会ったことです。彼は「自閉症」ではありませんでしたが、四年ほど就学猶予というかたちになっていて、その前年、週に一度、自宅で訪問教育を受けていました（電話帳を読むのが好きで、家では暇があれば電話帳をめくっているということでした。後になって、電話番号をそうとう暗記しているらしいことに気づいて驚いたことがあります。極端に閉ざされた養育環境が「自閉症」に似た状態をつくることがあると言われますが、その実例ですね）。実年齢では六学年なのですが、四年生から編入というかたちで私と出会うことになりました。

当初、彼の発する言葉は「はい」だけでした。違うときは、頭を横に振りながら、「うー」という発声で意思表示をします。「はい」以外の発語はありません。ところが学校に通うようになってすぐ、五月か六月頃だったでしょうか。ぐにゅぐにゅ、もにゅもにゅと、さかんに独り言（喃語のようなもの）を口にするようになりました。私のほうは、まだ右も左も分からない新米で、何を言ってるんだろうくらいに考えて、見ているだけだったのですが、同僚の先輩教員が「彼、言葉が出るかもしれない」というのです。

まさか、と思っていると、その通り、そのあと「いいえ、違います」「だめです」「いやです」と言い始め、やがて単語も話すようになったのです。夏休み明け直後は元の状態に戻っていたのですが、二学期が始まっていくらもしないうちに一気に発語が増え、秋には会話らしきものができるようになりました。はあ、という感じの変化でした。

前年まで訪問担当だった先生も驚き、自分は一年間付き合ったが、まさかこんなに会話ができるようになるとは思わなかった、どんな指導をしたのか、と尋ねるのですが、とくに何かをしたというわけではありません。自然発生的だったとしか言いようがないのです。

記録を残しておらず、詳しい分析ができないのは悔やまれます。したがって以下は、私の推測ということになります。

学校に来るようになって、他の子どもたちから受ける多くの刺激があったはずです。学校での取り組み全体を通じて、たくさんの新しい体験もしています。教師の働きかけもあります。そうした活動の全体を通じて、自信も得たはずです。それらが総合的に、相乗的に作用し、「話したい」「話さなければならない」という気持ちの高まりになっていったのだろうと推測されます。

もともと「話す」ための土台はもっていたのだろうと思います。ところが家での話し相手は家族だけですから、「はい」と「うー」で済んでしまいます。刺激も電話帳、テレビ、ときどき出かける買い物、週一回の訪問教育、というようにたいへんに狭いものでした。

そんな彼が家を出て、多くの人にかかわるようになり、それまでにない体験を積んでいったこと。そして体験が自信につながっていったこと。加えて、「話したい」「伝えたい」「話さなければばならない」状況に置かれたことなどが、言葉を話すようになった大きな要因なのではないかと思われます。

新米だった分、とても印象的な体験でした。そして言葉の問題には、大きく三つの基盤があるらしいことを教えてくれました。一つは構音などを中心とした身体的基盤。二つ目は、言葉の理解のみならず、表象能力や記号操作能力を含む認識全体の基盤。三つ目が、人と話したいという意欲や動機といった心理的・関係的基盤。この三つです。

この印象的な体験がきっかけとなり、「どう言葉を話すことができるようにさせるか」ではなく、「どうすれば言葉を話したい、話さなければいけない」という心理基盤ができるのかという、そちらのほうにおのずと私の関心が向くようになっていったのだろうと思います。

オウム返しを利用しようとしてはみたが

さてここでは、「自閉症」の子どもたちが見せる不思議な言葉のありようを中心として考えてみます。彼らにはいくつかの特徴があるのですが、まず「オウム返し」と呼ばれる現象から。基本的にはこんな感じの「会話?」になります。


「(家庭からの連絡ノートを読みながら)昨日どこか、いいところに行ったんでしょ。どこに行ったの」

「どこに行ったの」

「そうじゃなくて……」
「そうじゃなくて」
「そうじゃなくて、ディズニーランドに行ったんでしょ」
「ディズニーランドに行ったんでしょ」
「そうじゃなくって、ディズニーランドに行き……」
「行き……ました」
「そうか、ディズニーランドに行ったのか」
「行ったのか」
「……（もう、いいや）……」

教師のほうが「そうじゃなくて」に身ぶりを入れると、その身振りまで真似てくれることがあります。ともあれこれが通常、オウム返しと呼ばれる現象です。なぜこうした現象が起きるのか、長いこと不思議でした。

オウム返しをする子が、ではオウム返しをくり返すだけでこの先に進めないかというと、必ずしもそうではないのです。オウム返しをうまく利用できないか、と考え、つぎのようなことを試みたことがあります。

朝の体育で行なうマラソンが大嫌いな、H君という子がいました。はじまる前、かならず「いやです」「だめです」とグズッてしまうので、教室を出るときに「マラソン、好き？」と尋ねてみました。当然、「マラソン、好き」という答えが返ってきます。以下、こんなふうにつづきます。

私「そうか、マラソン、好きなんだ」
H君「マラソン、好きなんだ」
私「好きなんだから、がんばらなくっちゃ」
H君「がんばらなくっちゃ」
私「そうだよね。がんばらなくっちゃ」
H君「がんばらなくっちゃ」
私「マラソン、がんばらなくっちゃ」
H君「マラソン、がんばらなくっちゃ」

準備体操をしながら、小さな声で、こんなやり取りをくり返しました。彼のほうは、なんか変だぞ、という顔になっていますが、もちろん私は知らん振りをして「がんばらなくっちゃ」をくり返しています。

一回目は「マラソン、好き」「がんばらなくっちゃ」が功を奏したのか？　いつものようにグズることはありませんでした。ところが二回目。私が「マラソン、好き？」と尋ねると、「マラソン好き。……しません」という答えが返ってきたのです。

私は「???」です。もう一度、尋ねてみました。今度は「マラソン、好き。……終わりです」と返ってくるのです。「がんばらなくっちゃ」というと「がんばらなくっちゃ、しません」「がんばらなくっちゃ、終わりです」と答えるのです。

まいったなあ、と思いながらも、オウム返しだって、とりあえずは会話になってるじゃないかと思いました。何とか拝み倒して外に出てもらい、走り終え、そして一息ついたところで「汗をかいたから、着替えをするんだよ」というと、「着替えをするんだよ」と、見事にオウム返しに戻っていました。

H君の言葉の特徴

このように、H君はオウム返しという特徴をもちながらも、非常にうまい言い換えをすることがあります。たとえば、帰りの時間、バスに乗る前の二〇分ほどの間、家庭に連絡するためのノートを記すのですが、そのときのことです。おとなしく待っていたH君が、突然、「もう、こんな時間だ、は?」と言ったのです。私はすぐにその意味が分かり、笑ってしまいました。

あるとき、時間ぎりぎりになってしまったので、「あ、もう、こんな時間だ」と言って、大急ぎで帰り支度をして、スクールバスに飛び乗る、ということがありました。つまり彼には、「もう、こんな時間だ」という言葉が、大急ぎでバスに乗る―バスに乗れる、という経験とともにインプットされたわけです。早く家に帰りたくてたまらない彼は、バスに乗りたい、早くバスに乗せてほしい、という要求を「『もう、こんな時間だ』は?」と言い換えて表現したわけです。

H君は、自分から進んでの依頼、要求、問い、といった言葉はなかなか出てきません。このときにはよほど必死だったのでしょう。よくも考えついたものです。

同じパターンですが、こんなこともありました。帰りの着替えのときのことです。彼はシャツを手にし、「こっちが、まあえ（前）、こっちが、まあえ……」と言いながら、ゆっくりと教室の中を歩き回っています。さっさと済ませてしまえばいいのですが、これまた理由があります。

それまでシャツに付けていた目印（前後を区別するためのもの）を外し、目印なしでも間違えずに着ることを目標としていました。彼にはひと苦労だったようで、私は何度かシャツのロゴマークを示し、「こっちが前」と言って、彼に渡していたのでした。つまりH君は、どっちが前か教えてほしいという依頼（あるいは問い）を、「こっちがまあえ、こっちがまあえ」と表現していたわけです。

しかしこれでは依頼や問いかけになっていません。私のほうは知らん顔をしていました。そしてわざと「あ、もう、こんな時間だ」と言い、急いでかたづける振りをしてみました。当然、彼は焦り出します。あわてて私のところにやってくると、「こっちがまえ、は？」と尋ねたのです。

ここには「自閉症」の子どもたちの言葉の特徴がいくつか出ています。

当然ながら、まず、オウム返しの問題があります。なぜオウム返しになるのか、という問いです。

つぎは、言い換えの問題です。ときに不意に、その場にかかわりがなく、脈絡の見出せない単語が出ることがあります。何らかの背景があり、背景が理解できればその言葉の意味や言わんとすることをつかめます。ところが、彼らはその説明をまずしてくれません。こちらが類推をどこまで伸ばすことができるか。観察してきたことをどこまで手がかりとして、脈絡の見えにくい単語の背景にたどり着くことができるか。それが、彼らの言葉の真意を理解できるかどうかにとって、たいへん重要になります。この、言い換えという問題が二つ目です。

三つ目が、自発的な問いや要求の言葉にならない、という問題です。「バスの時間はまだですか」とか「早くバスに乗りたい」とか「(シャツの)前はどっちですか」「前がどっちか教えてください」という自発的な言葉にならないのですが、それはどうしてなのか。

この三つの特徴は、言葉それ自体の問題であるとともに(あるいはそれ以上に)、彼らの認知構造や発達特性の問題、つまりは「自閉症」の子どもたちが抱える特性そのものに、ダイレクトにつながっていくような問題がここには現われているように思われます。

オウム返しはなぜ起こるのか

まずオウム返しの問題ですが、逆に考えてみましょう。たとえばつぎのような例(文字、絵、写真などの視覚による補助手段の問題がありますが、ここではひとまず置きます)。

「もうすぐ遠足がありますが、どこへ行くのかというと○○に行きますが、去年も行ったので、皆さん、覚えていると思うけれども、いくつか注意します。去年も行ったことを覚えていますか。何に乗って行ったんだっけ? バスだったかな? 電車だったかな? 今年もバスで行きますが、去年とは時間が変わっていますので、お父さん、お母さんにも注意してもらいますが、皆さんも注意してください。お弁当も忘れないでください」

あまり上手な例ではないですね。ちょっと極端かもしれませんが、こうしただらだらと構文が伸び、内容もあっちに飛びこっちに飛びながらつづいていく話し方は、案外少なくないだろうと思います。無造作に話していると、ついこんな感じになってしまうのですね。

何をお伝えしたいかというと、これでは、とくに「自閉症」と呼ばれる子どもたちには理解できないだろうということです。おそらく記憶に残るのは、最後の、「お弁当も忘れないでください」という部分だけではないかと思います。(*) 話しているのだから、聞いているほうは理解するだろう、と安易に考えてしまうと、ほとんど伝わっていなかったということはしばしばで、大きな擦れ違いを起こしてしまうことになります。

「もうすぐ遠足があり、○○に行く」というフレーム。「注意事項があるので、よく聞くこと」というフレーム。まずはこの二つの大きな枠を、端的に伝える必要があります。そのことを確認したうえで、二番目のフレームの、注意事項を具体的にかつ端的に述べていく。そして最後にもう一度、最低限必要なことを確認する。そういう話し方が望ましいのではないかと思います（それでも完全とは言えないでしょうが）。

私たちは先の〝だらだら話〟を聞くと、遠足、○○へ行く、注意、時間、弁当、といった言葉からなんとなく全体の意味や意図などのおおよそのところをつかみ、聞き落としや忘れることはあっても、とりあえずは大事には至らずに済むのですが、彼らの場合はそうはいかないようなのです。

一の枠組み、二の枠組み、三の枠組み、四の枠組み……、というようにブロックごとに示したとしても、ひょっとしたら三の枠組みに入ったときには、一と二のブロックは消えている、ということになっているかもしれません（だからこそ視覚手段を用いて、一、二、三のブロックが消えないようにする必要があるわけです）。

ここには彼らがもつ、全体を全体として理解し、把握することの難しさ、関心が全体ではなく部分に集中する特性、という問題が深くかかわっているようなのです。そしてオウム返しというのは、どうもこの特性と関連するのではないか。前段の部分はすでに消えてしまい、最後だけが残る、そこに関心が集中する、ということですね。

（三択問題をやると、「自閉症」のほとんどの子が、三番目の選択肢を答えます。これは〝選ぶ〟のではなく、オウム返し的反応だと思われます。逆に教師は、この特性を利用して彼らに正解を答えてもらうために、三択を用意し、三つ目に正解を入れておく、ということをよくやりました。答えたX君は「あたり！　すごい」ということで、周りから拍手をもらうことになります）。

ではなぜ、話しかけられたときに、反響言語としてただちに発語されるのか、というつぎの問題があります。そもそも対話というものが（話しかけるということそれ自体が）、同意にしろ否定や肯定にしろ、具体的回答にしろ、何らかの反応を相手に求めるという特性を、おのずともっているということ。「やりーとり」という特性をすでに含んでいること。こうした特性が働くのではないかと思われます。

つまりは彼らも、話しかけられたら応じなければならないということは感じ取っているのではないか。そして応じる。ところが応じるにあたって、部分に集約するという認知特性が強く働き、耳に入った最後の部分が反響される。結果、オウム返しという現象になる。そういうプロセスなのではないかと考えられるのです。

これがオウム返しについての仮説です。これですべてが説明できるわけではないでしょうが、とりあえず、そんなふうに考えています。

コマーシャルをよくくり返す子がいます。「はえはえ、かかか、きんちょーる」とか「たんすにごん」とか、いろいろな子が、本当にいろいろなコマーシャルをよく覚えて、口にしていました。私の顔を見ると、「さとうのごはん、さとうのごはん」と、半ば反射的に口にする子がいて、とてもおかしかったのですが、ともあれ、あれは延滞模倣ならぬ延滞オウム返しなのですね。おくれて出るオウム返しです。そう考えていいだろうと思います。

（＊）会話をどう理解するかは、ご自身がアスペルガー当事者であるニキ・リンコさんの『俺ルール！』（花風社）のなかでも、とても的確に説明されています。とくに「選択」という見出しで描かれている部分（P137〜）は納得できました。

言い換え（言葉の転義）の問題

つぎは、言い換えの問題です。

言い換え（転義）の問題については、すでにカナーが一九四八年の「早期幼児自閉症における不適切な比喩」（『幼児自閉症の研究』黎明書房）という論文で取り上げています。また小林隆児さんも『自閉症と言葉の成り立ち』のなかで、「なぜ彼らのことばは隠喩的になるのか」という一項を割いて考察しています。カナーはそのポイントを五つあげていますが、まとめながら転記してみます。

一、一種の比喩的表現である。

二、転義はさまざまな方法で行なわれる。a. 代用類比。b. 一般化。c. 限定。

三、その言語過程は、そのまま詩的なそして普通の語法の比喩と本質的に異なっていない。

四、基本的相違は、彼らの転義が環境的情動的経験から引き出された個人的体験と奇抜な独自性から成り立っている。

五、象徴の意味を理解してもらおうという意図はなく、創造的ではあるが、自己満足的で、自己充足的である。

小林さんはこれを受けながら、転義には過去の〈知覚―情動〉体験が深く根ざしており、どこまでそれを理解し、共有できるか。それが重要であると強調しています。カナーや小林さんの見解は正当な洞察であり、ここで指摘されている以上のことを加えられるものは何もないのではないかと感じてきました。まったくその通りだな、と考えてきたのです。

ところがここに来て、もう少し前に進めないかと考えるようになりました。というのは、高機能自閉症、あるいは広汎性発達障害と呼ばれる青少年の重大事件の取材をするようになり、法廷での言葉を目の当たりにしているうちに、いろいろなことを感じ、考えはじめたのです。そのなかで、この転義という問題についても自分なりに再考してきた、という経緯があります。

「字義通り性」の問題

その問題意識を端的に言ってしまえば、つぎのようになります。

アスペルガーと呼ばれる青年たちが共通して見せる特性が、言葉の「字義通り性」です。「字義通り性」ということは、言葉の意味をそのまま一つだけのものとして受け取ってしまう特性であり、多義的理解において困難をもつということです。言葉の多義性という問題については、その特性や用法を厳密に分けて考えなければならないところなのですが、とりあえずつぎのような特徴となって現われてきます。

○冗談、ギャグを理解しない。

ギャグや冗談とは、ある言葉を、予想外の言葉にズラしたり、移し変えたりすることと言ってよいでしょう。そしてそこには、直接言葉にはしなくとも、「笑ってほしい」というメッセージもこめられています。卒業生と話しているとき、私がふと言った冗談に対し、「先生、それはギャグですよね。ギャグは笑わないといけないんですよね。ハハハハ」と返され、返答に窮したことがありました。

○何気ないひと言を、文字通りそのまま受けとめてしまう。

数人の友だちで旅行に出かけました。とても楽しい三日間だったので、その帰り、一人が「ほんとに楽しかったね、また来年もいっしょに行こうね」と言い、「そうしよう、そうしよう。また来年も絶対に行こうね！」とみなで盛り上がったとします。この「来年もいっしょに行こうね」は、それくらい楽しかったねという気持ちを、いわば比喩のように表現したのであり、「必ず、来年も行く」という約束を交わしたわけではない。通常は、そう受け取りますね。

ところが文字通り受け取ったあるアスペルガーの子が、翌年のその時期になってこのことを持ち出し、誰も約束を守らない、あれはウソだったのかと怒ってしまったということがあります。論理的には怒った子のほうが正しいのですが、しかし言われたほうは当惑します。

挨拶代りの言葉には、こうした側面がありますね。「きょうはいい天気ですね」という挨拶言葉のポイントは、実際の天気がどうか以上に、挨拶を交わす、というそのことのほうにあります。それに対し「いや、今日はそれほどでもないですよ。昨日のほうがもっといい天気でしたよ」などと答える人は、まず、いないはずです。

「おはようございます」という挨拶もそうです。通常は、朝の挨拶です。ところが、職種によっては午後出勤することがあり、それでも「おはようございます」と挨拶しますね。「夕方になっても、おはようございます、と挨拶するのはどうしてですか。間違いじゃないですか」と尋ねてきた青年がいました。運送会社に勤め出した卒業生で、夜勤で出てきた運転手さんたちの「おはよう」という挨拶が、間違っているというのです。私たちにとってはなんでもないことですが、彼にとっては混乱の要因になるのですね。

○いったん受け取ると、修正がきかなくなる。
これもある卒業生の例ですが、「すぐ戻るから、ここで待っていて」と友だちに言われ、言われたとおり待っていたところ、言った友だちのほうがそれを忘れてしまい、二時間も三時間も、同じ場所で待っていたといいます。状況に応じて判断していくということが難しい例です。

○比喩ではなく、ストレートに受け取ってしまう。
「お前はどこにでも顔を出すゴキブリだ」と友だちにからかわれたところ、「ゴキブリのようなやつだ」ではなく、「自分はゴキブリだ」とそのまま受け取ってしまい、ショックを受け、以来、不登校が始まり、やがて外に出ることさえできなくなったといいます。

何気なく「おまえはバカだな」とか「それって最低！」とか、つい言ってしまうことがあります。言うほうにとっては、ちょっとした言葉のつもりです。親しいからこそ言っている、という側面もあるかと思います。ところが彼らにとってはそうではないのですね。そのまま、ストレートに受けとめてしまうのです。

一般的に言っても、気づかないところでこうした擦れ違いや誤解を生じていることは、少なくないのかもしれません。言葉に誤解は付きものだといっていいほどです。私たちにとっても、ちょっとした誤解がときに深刻な決裂になってしまうこともありますが、多くはそれなりに収まるところに収まっていきます。

ところが、アスペルガーの子どもたちの場合、そうはいかないケースが少なくありません。だれかがどこかで気がつくことができれば、それは誤解で、真意はこうなのだ、と伝えることができます。ところが、第三者が気づく、ということはなかなか難しいことです。結局、彼らのほうは訂正ができないまま、被害感情を募らせていくことになってしまう。そして、誰にも伝えられないまま葛藤を大きくさせ、人間関係全体に苦痛を感じるようになっていく。さらには外に出ることができなくなる、不登校になってしまう、といった事態を招きかねない。こうしたケースが少なくないだろうと思います。

言葉の多義的使用と「言い換え」の問題

ここには言葉をめぐる、重要で、難しい問題がいくつか含まれています。

たとえば挨拶一つとっても、挨拶とはなにかと考えだすと、非常に難しいのです。親しい人や知り合いにするのが挨拶だとするなら、では、どこまで親しい人であれば挨拶をしてよいのか。見知らぬ人に突然挨拶をしたら、どうして不自然なことになるのか。逆に、山やハイキングですれ違った見知らぬ人に「こんにちは」と言っても、なぜ変ではないのか。朝の「おはよう」は一回であって、なぜ同じ人に二度も三度も同じ挨拶をするとおかしいのか。……

「来年もまた行こうね」という言葉が、約束を取り交わすという意思の確認ではなく、なぜその場限りの挨拶のようなものと受けとめるのか。約束と挨拶の線はどこで引かれるのか。だれかに褒められたとき、それが本当に称賛されているのか、お世辞なのか、その判断をどこでするのか。「ばかだなあ」という言葉が、批判を目的とした言葉なのか、それとも親愛の表現なのか、どう判断するのか。……

習慣とか、経験の積み重ねによって判断している、ということで済ませていますが、彼らの言葉について考えていくと、本当にいろいろな問題が出てくるのです。私たちが大きな混乱もなく言葉を交わしている事実のほうが、むしろ不思議なことに思えてくるほどです。とりあえずここでは、言葉はその意味も用法も多義性をもち、彼らがその理解に大きな困難をもっている、という点に話題を限定して進めたいと思います。

問題をもう一度確認すると、彼らが示す言葉の多義的理解や隠喩的表現の理解に対する困難という問題と、カナーが指摘していた言葉の転義的使用（「比喩」）が、どう整合性をもってつながるのかという問題です。

言葉の発達におくれをもつ「自閉症」の子どもたちが、ある言葉を転義し、「比喩」的に代用しているのだと理解するならば、ではなぜアスペルガーの少年たちにあっては、比喩理解の困難、多義性の理解の困難として現われてしまうのか。このギャップをどう埋めることができるか。そういう問題です。

比喩と「そのまま」について

以下、つぎのように考えました。

H君のある言葉や、カナーが取り上げた比喩的な言葉は、たしかに私たちの側から見れば「転義＝比喩」の表現として受けとめられます。ところが、彼らから見た場合は、それは比喩や転義ではなく、そのものの表現、一対一対応の直接表現だと考えるべきではないか。そう考えると、先ほどのギャップが埋まるように思われるのです。

H君の例で考えてみましょう。

彼はいやなことがつづくとぐずり出し、やがて泣きはじめ、さらにエスカレートすると顔をたたくという自傷が始まってしまいます。泣きながらいろいろな言葉を発しているのですが、それらはすべて、これまでの辛い体験や叱られた体験など、ネガティブな気持ちと結びついている言葉です。

「バス、どんどん、もうしません！」（バスの窓を叩いて強く叱られたとき）、「止まりなさい、止まりなさい！　だめ！」（廊下を走って小さな子にぶつかり、叱られたとき）、「マラソン好き、いやです」（これはすでに紹介しました）などなど。

これらは、本来は、「いまやっていることがいやだ、辛い」という気持ちの表現を、「バスの窓をたたいて叱られたときのように、いやだ」「廊下を走って叱られたときのように、かなしい」「マラソンさせられたときのように辛い」という比喩的表現となるべきところです。しかしそうはなっていません。そのときの場面と一緒に、貼りついて表現されていると考えられます。

F君のパンのエピソードを思い出してください。胸にパンを当て「なにに見える？」と聞いたとき、「なにのように見える？」と聞いているのですが、やはりF君も「これはなにか」というように、そのまま答えていました。基本的には同じ構図です。

比喩とは、簡単に言ってしまえば「AをBに置き換える」という言葉のレトリックです（当たり前ですね）。何がこの置き換えを可能にするのかと言えば、G子さんの「テレビごっこ」を例として、「ごっこ遊び」が成り立つためには「自他を二重の構造として受けとめる」というはたらきを必要とすると述べました。「ごっこ遊び」とは置き換えの遊びです。

比喩や置き換えの問題には、この、「見立てる」「ごっこ」という問題と同様の構図があります。比喩、置き換え（転義）、冗談、その他多義性の問題が理解されるための背景には、「私」の二重化という問題が控えているのです。私たちは、当然のように比喩や転用を行なっているのですが、まずは会話という行為そのものが「話す―聞く」という自己内の二重構造を獲得していればこそ可能となっているのであり、二重構造になっているからこそ、自在に言葉を置き換えることができるのです。

このように考えてくれれば、彼らの言い換えの言葉が、私たちには比喩表現と受けとれるけれども、彼らにとってはそのままの表現である、ということが理解されますし、アスペルガーの少年たちの言葉の理解が「字義通り」であるという問題と、うまく接続するのではないかと思われます（「字義通り性」という問題それ自体については、また別途考えなければならない点が多くあるのですが）。

これが、言葉の転義についての私の見解です。

なぜ自発的要求や依頼にならないか

三つ目の問題。自発的な要求や依頼の言葉になかなかならないのはなぜか、ということです。

これはH君のみならず、多くの子に共通する問題でした。農作業の途中、運んでいたバケツの土をひっくり返してしまい、何も伝えることができなくてそのまま立っている子。給食のさい、教室を出るときにはたしかにもって出たはずのおしぼり袋を、どこか途中でなくしてしまったらしいのに、食堂でそれを伝えられずにいる子。……

もっと深刻なのは、けがをしているとか、熱があるとか、体調が悪いことを伝えられない、といった事態として現われてしまうことです。ウンチやおしっこを、うまく伝えられないというケースにもなります。

問いかけや要求にならないという問題は、私たち現場の教員にあっても、重要視されていました。日常生活の場面だけではなく、学習場面他、できる限りの機会を見つけてははたらきかけようとしようとしてきましたし、議論の俎上にも載せてきました。

さて、何が問題なのでしょう。

「会話」というものが、そもそももっている、もっとも基本的特性の一つが何かといえば、「話す」とは「自分が話していることを聞く」ことであり、「聞く」という行為のなかにも「相手の視点になって同時進行的に話す」ことが含まれるということでした。単なる「能動―受動」にとどまらず、能動がすなわち受動であり、受動が能動であるような構造をもつということ、ここにかかわります。

彼らの言葉が「対話」になりにくいのは、まさにこの、能動が受動であり、受動が能動であるような相補的二重性をもちえていないこと。まずはこの問題があります。「語りかけることが聞くこと」であり、「聞くことは語りかけること」である、という二重性の育ちそびれ。それが

「対話」になりにくい問題がもつ要因です。

言い換えるなら、能動―受動とは、つまりは「やり―とり」です。この「やり―とり」の問題、たとえばH君の着替えを例にすれば、そこでは「ひと（佐藤）―もの（シャツ）―自分（H君）」というように、ものを介した「やり―とり」が成り立たなくてはならないはずなのです。ところが、そうはなっていません。

これまで述べてきたことを思い出していただきたいのですが、「やり―とり」が始まるのは、ほとんどの場合、こちらからの働きかけがあってからです。それこそ自閉症の子どもたちの「かかわる力の弱さ」ということになるのですが、彼らの側からのアクションで「やり―とり」が始まる機会は、めったにありません。

「やり―とり」がどう育つかというプロセスは、F君のキックベースを例に詳しくお伝えしました。F君は、私に「おはようございます」と話しかけてきたり、からかってみたり、といくらか能動の芽が見られます。それでもまだまだ受け身です。家でこんなことがあったとか、友達とこんなことをして遊んだとか、朝の挨拶以外を話題としてこちらに話しかけてくることは、ほとんどないといってもよいほどです。

そうであるからこそ、こちらからの働きかけを、時間をかけてていねいに積み重ねることの重要性を強調してきましたし、そのことによって「自閉症」と呼ばれる彼らにあっても「やり―とり」は育って行くのだ、〝かかわり〟は育つのだ、という点はくり返しお話ししてきました。

では、それがどこで能動的な「やり―とり」に転じていくか、というところで「自閉症」の子どもたちは大きな壁にぶつかります（ここには、量的な拡大がどこで質的な変容に転じるか、という問題にもかかわっているはずです）。

このとき、つぎの問題が顔を出します。それは、彼らが、どこまで、どう困っているのか。「困った事態」を、どんなふうに受けとめているのかという問題です。

シャツを着ることができない、土をこぼしてしまった、おしぼり袋をなくしてしまった。そのことだけを取り出せば、とくに彼ら自身にとっては困るわけではありません。シャツを着ないで裸でいてもとくに困ることはないわけです。土をこぼしても、またつぎの土を運んでくればいいわけですし、おしぼり袋をなくしても、給食を食べることができます。

つまりそこには、その事実自体だけではなく、もう一つ、背後になにか約束ごとがあり、その約束ごとに対する不都合が生じたからこそ、「困った事態」だ、と受けとめられることになるわけです。

着替えを終えなければバスに乗れない（裸では帰れない）。土を運ぶという活動が今日の活動であり、そこには「こぼさずに運ぼう」という約束がおのずと含まれている。給食のときにはおしぼりを用意する。これらは、こちらが（教師の側が）用意したルールです。ルールから外れてしまい、そこに不都合が生じている、という理解があってこそ、「とても困った」事態になるわけです。

言い換えるなら、「困った」という感情は、対社会、対ひと、という受けとめを前提として立ち上がるものだということです。困った切実さの度合いは、対社会、対ひとという受けとめがどこまで育っているか、そのことによって決まります。ルールが共有されていればこそ、「このままではまずい。だれかに頼んでやってもらわないと」とか「自分では分からないので、聞いてみないといけない」という気持ちになっていくわけです。そこで初めて、相手に問いかけたり、訴えたりする、という行為が出てくるのだ、ということになります。

まとめるなら、自発的な要求や依頼とは、会話（対話）というものがまずはもっとも基本にもつ「やりーとり」（能動ー受動の二重性）の育ちと、ルールの受けとめという対社会、対ひとへの育ちという二つの条件とともに発せられるものだ、ということになります。「自閉症」の子どもたちにあっては、この二点こそが大きな困難であり、自発的な要求や依頼の表現がなかなか育たないのはそれゆえだと考えられます。

言葉の問題の向こう側にあるもの

ただしくり返しますが、ここでの指摘はあくまでも教師側が設定したルールから生じる「困った事態」を基点にしたものです。H君にとっては、H君なりの「困った事態」があります。バスに乗れない（家に帰れない）、ということになると、とても困るはずです。だからこそ必死で『もうこんな時間だ』は?」という言葉になったわけです。

食べることが好きな子だったらば、食べられないとなるととても困るはずです。水が嫌いなD君のお話をしました。大好きなさつま芋を使いながら、苦手な水に少しずつ慣れていった例ですね。お芋が食べられないという事態は、彼にとってはとても困ることであり、だからこそ嫌いな水に対して自分から少しずつ触れようとしたわけです。

つまり、彼らの「困る事態」を何とか取り込みながら、「やり──とり」を育てたい。そして少しでも受け身ではなく能動的な「やり──とり」にしたい。いまでもおそらくこの基本は変わらないと思います。

言葉のおくれや特徴は、子どもたちによって、本当にさまざまです。その特徴の一つであるオウム返しの問題から始まり、自発的な要求や依頼の言葉になりにくいのはなぜか、という問題についてここまでお話ししてきました。

彼らの言葉の問題がなぜだいじなのか。最終的にはつぎのような問題に行きつくと私は考えています。

彼らに固有の弱さや特徴をもちながらも、困った事態にたち至ったときに、彼ら自身がどうSOSを発することができるか。生きていくにあたって自分がぶつかった問題に対して、なんとかしてそれを解決できるようになってほしい。少しでもそのような力の育ちにつながるためにはどうすればよいのか。それが言葉の問題の背後にある、最大の課題です。

そのためにも、彼らの特徴を、こちらがどこまで、どんなふうに理解するのかが問われます。特異な症状、病理現象、障害という理解にとどまるだけでは、おそらくここはのりこえられないのではないでしょうか。

どういう筋道をたどってこのような特徴となるのか。そのことについての具体的な理解。連続性という観点を手放さないことの重要性は、ここにもあるような気がします。

▼第九章

言葉とその周辺をめぐって（二）

「視点の変換」について

前回は、オウム返しの問題から始め、彼らの言葉が「応―答」というやり取りの構造をもつことがなぜ難しいのか、自発的な言葉がどうして出てきにくいのか、といった点を中心に考えてみました。言葉の問題については、もう一つ、ぜひとも触れておかなければならないことがあります。「視点の変換」という問題です。きょうはこの問題から始めてみたいと思います。

私たちは普段、対話をしながら、気づかないうちに視点の変換を行なっています。たとえば、朝の「行ってきます―いってらっしゃい」も、帰ったときの「ただいま―お帰り」もそうです。ところが、「いってらっしゃい」と言って家を出て、「お帰りなさい」と言って帰る子がいます。

お母さんに言われた言葉（応―いってらっしゃい）を、自分（答―行ってきます）のほうに視点を変えることで、ここでの応答が成立するわけですが、視点の変換が起こらないために、お母さんの「いってらっしゃい」や「お帰りなさい」が、そのまま再現されてしまうのです。バイバイ、とこちらが手を振ると、手のひらを自分のほうに向けたまま、バイバイ、と返す子がいます。これも同じ構造で、見えたままに、手を振って答えているのですね。

前回のオウム返しのところでは触れなかったのですが、オウム返し現象がなぜ生じるかと考えたとき、やはりこの問題が出てきます。

「(きみは) ディズニーランドに行ったんだって」の「(きみは)」が、答える際には「(ぼくは)」に変更しなければならない。そして「(ぼくは) 行ってきました」という答えにならなければならないのですが、ところが視点の変換が起きないために、問いかけを「(きみは)……行ったんだって」とそのまま返してしまうわけです。

「彼はお調子者だって、Aのやつが言うんだよね」と言ったとします。

ここでの「彼」がだれかは、そのときどんなことが話されているのか、その内容や文脈で決まります。そこにはいない、共通の友人が話題になっているのであれば、「彼」はその友人のことでしょうし、話し手とAとの関係が問題になっているのであれば、そのときの「彼」は話し手自身のことだということになります。

「おれはだめなやつだって、何度も言うんだよね」の「おれ」は、話し手自身ではなく、ここで話題になっている、共通の第三者(彼)です。人称をどう理解するか、そのとき視点の問題が端的に現われてくるのですが、いちいち断りを入れなくとも、視点を自在に入れ替えながら、私たちの会話は進んでいきます。

「視点の変換」の難しさが何をもたらすか

視点の変換ができないというこの問題は、とても多くのことを示唆してくれます。以前も話しましたが、本音と建前もそうです。私たちは、自分のなかの「本音の私」と「建前の私」の視点を状況や相手に応じて適宜入れ替えながら、本音と建前を使い分けています。「嘘」と「本当」もそうですね。言葉にはいくらかの嘘（事実とのズレ）が、どうしても紛れ込みます。事実を語る言葉が、「＝本当」であるとどこまで言えるかどうか、というたいへんに厄介な問題が言葉にはあるのですが、そこまで踏み込むことはできません。

ここでお話ししたいことは、つぎのような問題です。「自閉症」の彼らは嘘を語らないし、本音と建前の区別もない。いつもストレートです。本音と建前を区別して語ることができないのですね。嘘を語らないというよりも、語ることができないのです。

そのことがときに、相手にとっては失礼な言葉であったり、不愉快にさせてしまう言葉となったり、まったく場違いな言葉として発せられる、という事態になります。悪意や意図があってではなく、本音と嘘を使い分けることができないという、彼らの特性ゆえです。

おそらく私たちが考えるような、悪意とか、人を貶《おとし》めるとか、わざと不愉快なことをいって傷つけようとか、企みをして困った事態に陥らせようとか、そうした意図は、彼ら自身にあってはほとんどない（あっても少ない）と考えてよいような気がします。自分がどんなことを言えば相手が嫌がるか。どんな行動をすれば相手が困るか。そのように考えるためには、いささかなりとも相手の立場に立つことが必要とされるわけですが、「相手の立場に立つ」ことこそ視点の変更です。

それから「恥ずかしい」という感情も、視点の変更を必要とします。街を歩いていて、ズボンが破けていることに急に気がついた。それまではまったく平気だったのに、気づいたとたんに恥ずかしくて一歩も歩けなくなる。こうしたことは当然のごとく起こるのですが、直接誰かに見られたり、注意されたわけでもないのに、恥ずかしいという気持ちが抑えられなくなります。「恥ずかしい」と感じるのは、実際に他の人に見られているかどうかということ以上に、自分のなかの「他の人になり代わった眼」が見ており、その「眼」を強く意識するからこそ、顔が赤くなるほど恥ずかしいと感じるのですね。ズボンの破れに気がついた時点で、視点が「他の人になり代わった眼」に転換され、だから急に「恥ずかし」くなるわけです。

「自閉症」の人たちにあっては、「恥ずかしい」という感情が希薄だとよく指摘されます。実際、そうした場面に多くぶつかります。自分の好きな服装であれば、どう見られようと気にしません。レッサーパンダの帽子をかぶって、浅草で事件を起こしてしまった青年もそうでした。衣服が濡れると嫌がる子の話をしましたが、人前でもお構いなしに、着替えようとしてしまいます。

そこまで極端でなくとも、シャツの第一ボタンまできちんとはめ、ラフなとはおよそ正反対の格好をしている「自閉症」らしき青年をときに見かけます。そのあまりの几帳面な衣服の着方に、ちょっとした違和感を受けることがあるのですが、ここにも「他人になり代わった眼」をもつことの困難、という彼らの特徴を見ることができるように思います。

他にも多くのことが指摘できるでしょうが、視点の変更が難しいというこの特徴こそが、内なる「私（自己）」の育ちそびれの姿のもう一つのありようです。二重化の困難、つまりは自己を対象化することの困難が、会話における「視点の変換」の困難に直結していくわけです。オウム返しや字義通り性、要求や依頼という「応―答」構造の成り立ちにくさといった、発語の特徴にも、「視点の変換」の困難がはたらいているでしょう。

結果的に第三者に大きな迷惑を及ぼす、反社会的行動になってしまう、という事態に至ったとしても、その出発点は、あくまでも自分自身が抱えた葛藤が処理しきれなくなった結果です。葛藤が行動として現われてしまうプロセスにはいろいろ複雑な要因がはたらいているのですが、その出発点には一見「会話」が成り立っていそうに見えながら、じつは大きなズレが生じていたということが少なくありません。(*)

（＊）「会話」のズレがどう現われてくるか、拙著『自閉症裁判』（洋泉社）、『裁かれた罪　裁けなかった「こころ」』（岩波書店）で、詳細に論じています。参照していただければ幸いです。

「字義通り性」と言葉のもつはたらき

前回、少しお話しした「字義通り性」という特徴にも、この視点の変換という問題が関連してくるはずです。ここには言葉というものがもつ本質とも言うべき問題があり、まずその特質からお話ししてみます。

「雨が降ってきたね。……」

ポツンと、いまそう言ったとします。実際に言ったわけですが、皆さんは、それを聞いて、どんなことを思い浮かべました？

このおっさん、突然、何を言い出したんだろう？　そう感じた人がいるかもしれませんね。うそ、天気予報は一日晴れだったよ、と感じた人もいるはずです。これからどこかへ出かける予定のある人は、さっきまで晴れていたのに、どうしてこんなときにかぎって雨になるの？　困る！と思った人。洗濯物を干してきた人は、まずい、とあせったかもしれません。いろいろだろうと思います。困った、まずい、というだけでなく、野菜や草花を育てている人にとっては、やっと降ってくれた恵みの雨だ、ということになるでしょう。

だれが発した言葉か。どこで、どんな場面で発した言葉か。そのときどんな背景事情をもっているかなどによって、「雨が降ってきた」という言葉には、いろいろな情感や含み（ニュアンス）が込められることになります。

つまり、言葉というものは、ある事実的な意味を指し示すだけでなく、その事実とともにさまざまな「情感」、ニュアンスといったものも、同時に表現する。そういうはたらきをもっています。したがって言葉を取り交わすということは、単一の事実的意味だけではなく、情感やニュアンス、背景事情もいっしょに取り交わす、そのようなはたらきがあるということです。

「意味」とは何か、というお話をしたとき、欲望（欲求）や関心のあり方とめがけるという行動とともに現われてくる、そのつどの自分と世界の関係が「意味」である。つまり「意味」とは固定的で静態的なものではなく、そのつど編み変えられていく動態性をもつ、ということをお話ししたと思います。

「雨」だったら「雨」という言葉が、そのつどの関心や自分が何をしようとしているのかなどによって、さまざまな情感やニュアンス、背後の事情などがこめられながら、そのつどの「雨」という言葉として発せられるわけです。このように話し手や聞き手の感情、場所や状況をふくめた全体を、言葉というものを手がかりとして取り交わすことが、言葉による「やり―とり」です。「雨」という言葉の事実としての意味は、辞書を引けば理解することができます。辞書を引かなくとも、一度体験すれば、雨の何であるかを理解することができます。ところがこの「雨」という言葉に、話し手としてどんな情感を込めるか。聞き手として、相手の発した「雨」という言葉から、どんな「意」や「情感」やニュアンスを受け取るか、といった会話のなかで立ち現われてくる「意味」については、辞書を引いただけでは習得できないのです。

なにが必要かと言えば、言葉による交流を、何度も何度もくり返すことです。そこからしか学び取ることはできないし、私たちはそうやって、語感やニュアンスなど、事実としての意味以外の情感をつかんできているのです。

逆に言えば、「ジス・イズ・ア・ペン」という言葉は、私にとっては、どこまでも「ジス・イズ・ア・ペン」以外のなにものでもありません。「これはペンである」という事実的意味が指し示すことしか受け取ることはできないし、事実的意味以外を表現することも、私にはできません。それ以上の何かを獲得しようとするならば、英語による交流体験をたくさん積んでいく以外にはないわけです。
これは吉本隆明さんが、言葉の本質として、「自己表出と指示表出」として取り出した画期的な指摘を踏まえているのですが(*)、皆さんが突然「じこひょうしゅつ・と・しじひょうしゅつ」などと聞いても、「？？？」だろうと思います。私にとっての「ジス・イズ・ア・ペン」ですね。「自己表出と指示表出」については私も深く理解しているわけではないのですが、いくらかは、ある語感があります。

言葉の力が育つということは、語彙数を増やしたり、文法というルールをつかんだりすることであるとともに、相手や文脈や、場所、時などに応じて、さまざまな意味や情感、ニュアンスをもつということをつかんでいくプロセスでもあるわけです。「字義通り性」という問題について考えるとき、まず、言葉というものがもつ、こうした基本的なはたらきを押さえておく必要があるだろうと思います。

ここに、「自閉症」と呼ばれる人たちの特徴がかぶさってきます。「応—答」という「やり—とり」の成り立ちにくさは、言葉による交流の体験にとって大きな不利になります。そして視点の変換の困難は概念化や抽象化といった、語彙の量的な蓄積を質的に変容させるはたらきをおくらせます。こうしたさまざまなハンディがあいまって、言葉による交流の体験それ自体をおくらせ、そのことが多義的理解のおくれを生じさせ、さらに交流がおくれ、というように、相乗的はたらいてしまう、といった道筋が考えられます。

この「字義通り性」という特徴については、前回、冗談、比喩、からかいを、まっすぐに受けとめてしまう、といった問題に直結すると言ったのですが、そこにはとどまりません。

（＊）『言語にとって美とはなにか』（勁草書房・角川ソフィア文庫）

「曖昧性」という会話の特質と困難

彼らが字義通りに言葉を受けとめてしまうという問題を逆に言えば、曖昧な言葉に対する理解にたいへん苦労する、困難を感じる、ということになります。視点の変換の難しさに次いで、このことが会話における二つ目の大きなハンディキャップです。

私たちが普段取り交わしている会話は、よく考えてみると、じつはとてもアバウトです。そして二度と再現できません。日常の話し言葉は、おおよそのことを伝え、おおよそのことを受け取り、それでお互いが分かったつもりになって、成り立っているところがあります。この曖昧性、おおよそ性、再現不可能性が、日常会話の大きな特徴です。

「集合場所は、いつものハチ公前」。毎日顔を合わせているメンバーであれば、これで通じてしまいます。「ハチ公前」といっても、たいへんに広いですよね。ハチ公前のどこか。ハチ公の銅像のすぐ前か、離れたところか。離れているなら、どれくらい離れているところか。また「いつもの」というが、いつの「いつもの」か。八重洲口前で集合したこともあったではないか。それは「いつもの」ではないのか。こんなことをいちいち説明しなくとも、「いつものハチ公前」で通じてしまうわけです。

教員時代、作業学習において「道具はだいじに使ってください」「けがをしないように道具を使ってください」などとよく言っていました。「道具」とはどの道具のことか。「だいじに」というのは、具体的にどんな使い方をすればよいのか。どこまでがだいじで、どこからはだいじな使い方ではないのか。道具でなければだいじにしなくてもよいのか。

「けがをしないように」と言うが、どういう使い方をすればけがをするのか。けがをしないためには、どんな使い方をすればよいのか。――話すほうは、こんなことをいちいち考えているわけではありません。よく考えると、とても曖昧です。

よく考えると曖昧だ、という言葉は、身の回りでたくさん使われています。

「注意して帰ってください」（何を、どうすれば注意したことになるのか。どこからは注意したことにはならないのか）。

「ペンキはていねいに塗ってください」（粗末な塗り方とはどんな塗り方か。どうすればていねいに塗ることができるのか）。

「これから夏に向かい、暑くなってきます。健康には、十分気をつけて過ごしてください」（どこまでの暑さになったら、注意をしなければいけないのか。どういう注意をしないといけないのか）。

「ちょっと、待っていて」（どれくらい待てばいいのか。五分か三〇分か、それ以上か）……。

こういうことを問いただしたりすると、なにを屁理屈を言っているのか、とまず叱られますね。何回かつづけようものなら、あいつは屁理屈ばかり言っているうるさいやつだ、ということになってしまうでしょう。ラフに言葉を使い、おおよその「意」を聞き手に投げかけ、聞き手もまたおおよその「意」を受け取る、という日常会話のもつこの特徴は、普段、ほとんど意識されません。

言葉の一つひとつに対して、厳密に、正確に、誤解のないように吟味して使おう、と考えてしまうと、心理的に重大な支障をきたしてしまうかもしれません。ラフで、ほとんど無自覚・無意識に近い状態で言葉を発するから、とどこおりのない発語が可能になるのです。聞き手もまた、厳密な腑分けなどせず、相手が言ったことのおよその意味や意図を受け取り、おおよそのことを相手に返す。それが、通常行なわれている会話の大きな特徴です。

文法的に間違っていても通じることがあったり、あとになって「言った・言わない」という泥試合になったり、言葉自体が虚構性をもっているにもかかわらず、意が通じ、言葉をかわし、それで会話をとりあえず済ませているのは、おおよそ性や曖昧性が会話の特質であればこそです。

しかし、会話のもつこうした曖昧性やおおよそ性が、彼らにあっては理解困難となってしまいます。先ほど取り出したような、私たちからは屁理屈と感じられてしまう細かなロジックが気になり、ひどくこだわってしまう。それが字義通り性という特徴がもたらす会話のハンディです。

「くくる」という言葉のはたらきと彼らの困難

この「曖昧性」や「おおよそ性」に対する理解の困難という問題は、もう一つの難問ともなります。先ほど少し言いましたが、抽象化や概念化、一般化の難しさ、という問題です。ダイレクトに結びつけてよいかどうか、厳密に考えると難しい問いが生じるのですが、ここではできるだけ簡単につぎのように考えたいと思います。

ある物事や個物の共通性を取り出す作業を抽象化、そうやって取り出された内容を概念であるとします。どんな共通性を取り出すかは約束ごとであり、基本的には社会的に広く認知された約束ごとを用いることになります。

野菜、果物、お菓子。これらには、食べられる物という共通した特徴があり、その特徴によって「食べ物」としてくくられます。さらに下位に分類すれば、野菜「キャベツ、ホウレンソウ、キュウリ、玉ねぎ……」、果物「リンゴ、ミカン、バナナ……」、お菓子「ケーキ、クッキー、チョコレート……」となります。

「赤い色の食べ物」とか「酸っぱい食べ物」という共通項を手がかりとして取り出せば、別の分類が可能です。何を共通項とするかは任意なのですが、社会的に認知されたどんな共通項を用いて取り出すか、その自在な操作が概念形成の育ちだ、ということになります。

現場時代、概念の形成がどこまで育っているかということがさかんに話題になったのですが、とりあえず、つぎのような指標を置いてみます。
○物事や事物はある共通項によってくくられる、という理解がどこまで育っているか。
○なにを共通項とするかは任意であることが理解できているかどうか。
○任意の共通項を用い、適切に分類できるかどうか。
○分類カテゴリーには上位概念から下位概念までの序列があり、その順序がどこまで理解されているか。
○抽象度の高い言葉がどこまで理解されているかどうか（同じ食べるものを指す言葉でも、「農産物」とか「加工食品」とか「自然食品」、「乳製品」などといった言葉があるように、くくりの抽象度が上がっていくという問題）。

この共通項による自在なくくりという作業にも、じつは視点の変換という問題があります。共通項が何であるかによって、視点を転換するわけです。「共通項」という理解が成り立つためは、象徴性や記号操作の問題も控えています。あまり深入りすると手に負えなくなりますので、このあたりでとどめますが、「くくる」というのは、言葉が基本的にもつ特質の一つです。私たちはほとんど意識しないままに、一つの言葉によって、ある事柄をくくりながら話しています。具体的場面において、それはつぎのような問題として現われてきます。

電車通学している子で、こんなことがありました。大騒ぎするほどの問題ではないと私は思っていたのですが、ときに、駅員さんや他の乗客から、学校に一報をいただく子がいました。ベンチに寝転がっている、階段に腰をおろし、かばんの中からものを取り出して広げる、他の子とちょっとした小競り合いになる、などなどです。

当然、彼にも言い分はあり、寝転がっていたのはマラソンを頑張ったので疲れていたのであり、ものを取り出して広げたのは、忘れ物が心配になって確かめたのであり、小競り合いは相手が先に手を出したのであり、などなどです。ともあれ何度か、「駅で人に迷惑をかけたり、騒いだり、駅員さんに注意されることのないように」とは言っていました。

するとある日、線路に降りた、という一報が入りました。空き缶が落ちていたので、拾おうと思った、というのです。しまったと思いました。案の定、彼にとっては人に迷惑をかけてもいないし、騒いだわけではない、落ちているごみを拾おうとしたのだから、駅員さんに注意されるとは思わなかった、というのです。私のほうは、まさか線路に降りるかもしれない、などとは想定していなかったので、注意事項に入れていなかったのです。

その少し前に、クラッカー事件というものがありました。駅までの通学路で、クラッカーを鳴らして、女の子たちを追いかけたというのです。以前、卒業生が遊びに来て、一緒に帰る道すがらクラッカーを鳴らした、という〝さわぎ〟があったことは高等部の教員から聞いていました。彼が言うには、X君が来たとき、クラッカーを鳴らしながら帰った、Y子ちゃんとZ子ちゃんが喜んでいた、ぼくもQ子ちゃんに喜んでもらおうと思った、と言うのです。クラッカーをどこで入手したのか尋ねると、家で誕生会があり、その残り物だと言います。

この件があったので、騒がない、大きな音を出さない、人に迷惑をかけない、駅員さんに注意されない、ということの具体的内容をもう一度チェックし直し、彼には伝えていたのです。それでも線路に降りるなどというのは、まったくの盲点でした。

こちらが説明したつもりになっていても、盲点を突かれるように、想定外の事態がときに生じます。起こりうるすべての事態を取り出して、それを指し示すことは不可能です。どうしても言葉は「くくって」しまいます。漏れる具体例があるからこそ、「くくって」説明することになるわけです。するとそこにまったく想定外の事態が生じてしまう。

これは一つの例ですが、ここでの彼のみならず、卒業後はさらにこうした言葉の行き違い（彼のほうからすれば説明不足）は、増えこそすれ、決して減らないはずです。くり返しますが、言葉はあることをくくりますし、その点ではたいへんに便利なものです。しかしそこに避けがたい「ズレ」を生じさせてしまうことになる。

「手際よく、てきぱきと仕事をするよう」「受注が増えているので、いつもよりペースアップしてほしい」「お客さんには失礼のない対応をするように」。一つひとつ具体的な内容を説明しなくとも、「手際よく」「ペースアップ」「失礼のない対応」が何を指すか、通常ならば、この説明で事が済みます。しかし彼らには、どうすればよいのか、なにをしてはいけないのか、具体的な説明がなければ、そこにどうしても「ズレ」が生じてしまうことになるのです。

言葉がどんな「ズレ」を見せるか

会話における「ズレ」は、「くくる」という言葉の特性以外からも生じることがあります。『自閉症裁判』でも取り上げたのですが、その会話をあげてみます。

「さとうせんせいは、どうしてかみがないんですか」

あるとき、I子さんがニコニコしながら私に話しかけてきました。私は一瞬言葉に詰まったものの、とりあえずは態勢を立て直して、つぎのように答えました。

「どうしてかな。頭を使いすぎたんじゃないかな（笑）」

「どうしてあたまをつかいすぎると、かみがなくなるんですか。もうふえないんですか」

下手な私のボケに対して、I子さんのほうはなかなかのツッコミです。答えに窮していると、そばにいた担任がさすがに見かね、

「I子さん、就職しようとしてがんばっている人は、ふとっているとか、服装が変だとか人の嫌がることを言わない約束だったよね。佐藤先生にも言わないと約束してください」

それほど気にしているわけではないんだけど……。それにかえって逆効果じゃないかな、などと感じながらも、黙ってやり取りを聞いていました。

「わかりました。さとうせんせい、もういいません」

「はい、お願いします」

そして数日後、再びI子さん。

「さとうせんせい、人のいやがることをいったらいけないんだよね。さとうせんせいのかみがないということも、いったらいけないってやくそくしたんだよね」

「ちゃんと約束を覚えていて、偉いじゃないですか（もう言ってるんだけど……）」

I子さんは、まもなく卒業を控えた高等部の女子生徒です。もちろん彼女には、私をバカにしようとかからかおうというつもりは毛頭ありません。それどころか、私に親しみをもってくれているようです。親しみをもってくれていればこそ、私の頭髪を心配し、そしてなぜないのかと尋ねたわけです。

この会話のどこに「ズレ」があるのでしょうか。
まず、面と向かって「どうしてかみがないのか」とは、通常は尋ねません（デリカシーを欠くか、悪意がある場合は別ですが）。つまりは一般常識というやつから、少しばかりずれているという問題がまずあります。

この「常識」についての理解も、なかなか一筋縄ではいかないものがあります。ある「常識」が、所が変われば「非常識」に変わったり、どういう文脈であるかによって変わったりするわけで、「常識」も一つだけではありません。「字義通り性」と同じ問題がこの背後にはあります。

ともあれ、「常識／非常識」の問題だけであれば、ここでの担任のように「そういうことは言ってはいけないことなのだ」と教えてあげれば済むことです。彼女は理解し、分かった、と納得しています。ところが問題はそのあとです。

約束を覚えていると伝えにきたのですが、それは、ちゃんと覚えているから私にほめてほしいという気持ちも含まれているようでした。そしてこれは、I子さんの感じたままの表現です。ところが、結果的に「かみがない」ということを言ってしまっています。約束したことを覚えている、ほめてほしい、という親愛の表現が、逆に相手にとっては不快さを与えるだろう表現になってしまっているわけです。

私は、I子さんと日常的に接してきましたから、わざと人を不愉快にさせようとする意図がないことを知っています。しかし事情が理解できなければ、どうして髪がないのかなどといきなり言われたら、まず困惑するでしょうし、一度目は笑って済ませることができたとしても、二度三度とくり返されたなら、からかっているのか、と怒り出してしまうだろうと思います。

「髪がないと言ってはいけない」

「わかりました。髪がない、と言いません」

「言ってはいけない、と言っているだろう」

「わかりました。髪がないとはもう言いません」

事情が分かりさえすれば、笑い話のような会話です。しかし、言われたほうはますます不快感を募らせ、言ったほうは、なぜ叱責されているのか、ますます混乱し、分からなくなる。これに類した例は、おそらく少なくないだろうと思います。そして深刻な事態に至ってしまうことにもなりかねません。

「ひとの嫌がることを言ってはいけない」という、この説明だけではいけない、もっと具体的に話さないといけない、と考えて、それを伝えます。ひとまずは理解してもらえます。しかしこちらの盲点を突くように、思いがけない形で「ズレ」が現われます。なぜ「ズレ」ているのか、どうすればよいのか。この会話の場合、そのことをI子さんに伝えるのはなかなか困難です。論理としても、内容としても、間違ってはいません。

理由が理解できた叱責や批判であれば、立ち直ることができるでしょう。しかしまったく理由が分からないまま、長期間、叱責や批判、ひいては排除のなかに置かれることになったとき、それがどれほど辛いものか、ちょっと私には想像できません。くり返しますが、深刻な事態に至るきっかけは、おそらくここに見られるように、ほんのちょっとした行き違いのはずなのです。私はこれまで二つの事件を取材し、まとめてきました。そこで感じたことは、初めはほんのちょっとした行き違いがあり、それが周囲に理解されないまま小さな水漏れを生じさせ、そして膨れ上がっていったのではないか。その結果行きついてしまった、たいへんに不幸な事件だったのではないか。裁判を傍聴しながら、そのことを、痛ましさとともに強く感じました。

本当に言葉というものは、便利であるとともに、厄介なものだと思います。「自閉症」の人びとにとって、この厄介さはひとしおでしょう。傷つけようというつもりなど毛頭ないのに、失礼なことを言う人間だと思われ、ときには面と向かって批判され、一生懸命に仕事をしているつもりでも、なぜ言っていることが分からないのかと叱責されてしまう。

彼らの特性を理解してくれる人が一人でも増えてくれれば、と心より願わずにはいられません。言葉の問題はこれに尽きるものではなく、もっともっと考えなければいけないことはあるのですが、いまの私にとって力の及ぶ範囲はここまでです。

全体を振り返って

九回にわたってつづけてきたこの「特別講義」も、そろそろ時間も迫っていますので、全体を簡単に振り返ってみましょう。連続性というキーワードとともに、「関係のおくれ」が彼らの弱さの基本要因であるということが出発点でした。そして「かかわる力」がおくれるということの内実を、個人的な主観や印象にとどまらず、客観的にお伝えすることはできないだろうか、とも問いかけてきました。

そして発達における量的拡大と質的変容という着眼をつぎに示し、そこで注目したのが「ひと—もの—自分」という、「もの」を介した「やり—とり」でした。一人ひとりの子どもを取り上げながら、それぞれがどんな「やり—とり」をしているか、その弱さがどこにあるか、それをしっかりとしたものとするために、どんなかかわりをつくろうとしたか、具体例を示しながら述べてきました。

「自閉症」と呼ばれる子どもたちには、もう一つの基本的な特質がありました。それは「私（自己）」の育ちそびれという問題です。どんな「やり—とり」のありようを見せているかを示しながら、それが彼らの「私（自己）」の全体の姿なのだ、とも言いました。「私（自己）」の育ちそびれとは、「やり—とり」の弱さでもあったわけです。

「かかわる力が育つ」とは、「やり—とり」が広がり、深まり、やがて質的変容を見せていく、というプロセスです（このとき大きな牽引力となるのが表象性や象徴機能の獲得です）。「やり—とり」の弱さ、「私（自己）」の育ちそびれ、「かかわりの弱さ」というこれらは深く関連しており、彼らのもつ困難をそれぞれの観点から指摘したものであり、ここに質的変容の起こりにくさという要因を求めてきたのだと言えます。

また一方、子どもたちのこうした「おくれ」を示しながら、それがいかに多彩で複雑か。そして微妙か。そのこともお伝えしたかった重要なポイントの一つです。多くの子どもたちとかかわり、多彩さや複雑さ、微妙さを感じれば感じるほど、脳のある部分の損傷（あるいは発達の未熟）

がダイレクトに「自閉症」に特有の症状をつくる、という考え方が、どうしても単純すぎるものに思えてならないのです（遺伝子をダイレクトな素因とする考え方も同様です）。

むろん私は、生物学的な研究を全否定するものではありません。その進展に対しては私なりに注目しています。しかし「生物的障害→症状」という因果論的考えは、彼らの言動を「症状」としてしか見ないゆえの、あるいは「症状」だけしか見えないゆえの見方ではないか、と感じられてなりません。具体例を詳しく紹介してきたのは、そんなに単純なものではないということを、いくらかなりともお伝えできればと考えてきたゆえです。

皆さんは間もなく現場に立つことになるわけですが、「自閉症」と呼ばれる子どもたちに対して（どの子に対してもそうなのですが）、愛情のみならず、信頼や尊敬といったものをもって接していっていただければ、私としてはとてもうれしい限りです。何も特別なことを言っているのではありません。私たちは自分の友人や知人、家族に対して、愛情、信頼、尊敬といったものをもって接していますね。だいじな人間であればあるほど、それらは大きくなるはずです。それと同じです。「自閉症のA君」ではなく、「ただのA君」として見ていきたいのだと強調してきたのはここに通じます。

そのためにも、どんなふうにして彼らとのよりよい〝かかわり〟をつくっていくか、なかなかたいへんことではあるのですが、ぜひとも頑張ってほしいと願い、そのときのヒントになることがわずかでもあれば、と考えて、ここまでお話ししてきました。

教師としてどうあろうとしてきたか

最後に、私自身が、教師としてどうあろうとしてきたか、少しお話をして終わりにしたいと思います。ここまでお聞きになってきて、強い教師像、子どもをガンガン引っ張っていく教師像を、あるいは思い浮かべてこられたかもしれません。私の気持ちとしては、それは逆なのです。

教員になって数年ののち、中井久夫氏の『精神科治療の覚書』（日本評論社）という本に出会い、以来、ずっと手元においてきました。これはあるところにも書いてきたことですが、「患者」という言葉を「子ども」に、「医師」を「教師」に置き換えながら、折に触れては読み返してきたのです。

むろん、直接当てはまることや、今日明日、すぐに役に立つことが書かれているわけではありません。また直接あてはめて、医者のまねごとをしようなどと考えたのでもありません。中井氏の、医師として患者にかかわる根本的なあり方が、特殊教育の現場で子どもに接するときのだいじな基本に通じている、何事かを示唆している、と読むたびに強く感じてきたのです。

かつて『精神科治療の覚書』のどんなところに傍線を引いたり書き込みをしてきたか、ちょっと恥ずかしいのですが、引いてみます。

私は前章で治療過程を連立方程式にたとえた。自然治癒力にもとづく過程と治療介入の過程である。この連立方程式を一つの方程式に還元するのは、紙の上ではたとえ行いえたとしても実践的にははかない。実は治療実践とは、実践において連立方程式を解くことである。そのためにこそ、治療過程を構成するパラメーターをできるだけ明らかにしようとする努力自体が臨床的意味をもちうるのである。（「治療の滑り出しと治療的合意」P58～59）

発病とは患者単独の登山であり、患者が治療者と出会うのは、いわば〝山頂〟である。そして治療の始まりとは、治療者の同行による下山であり、患者と出会った治療者が、下山の同行者として何が要求されるか、と述べたあとの一節がこの引用部分です。

中井氏の本に手が伸びるときの多くは、こちらが子どもとのかかわりにおいて身動きの取れない状態に陥ったときでした。動けなくなるのは、多動、パニック、自傷、他害など、いわゆる〝問題症状〟への対応においてだけではありません。

その子とのかかわりにおいて何がポイントか。どういう方向へ動きだせばよいのか。あらかじめつくっておいた見取図が変更を余儀なくされ、どこにどう修正を加えればよいのかなかなか見えてこないことがあります。煮詰まっているのですね。そんなときに、手が伸びていくのです。

たとえばこの引用において、治療過程は、自然治癒力と治療介入の連立方程式であり、治療実践はその連立方程式を解くことだ、と中井氏は言っています。またその前章では、「自然治癒力」を「自然史的過程」とも書いています。

であるならば、子どもたちの発達のおくれとは、この「自然史的過程」のおくれであると考えてよいのではないか。そして「自然史的過程」を「自然治癒力」に置き換えることができるならば、どの子も――たとえ〝重度〟と呼ばれる子どもたちにあっても――その子なりの「自然治癒力」をもっていると言えるのではないか。

中井氏はまた、「連立方程式」を「回復過程が二つの相互作用する過程」だとも書いているのですが、してみると、子どもたちの育ちとは、彼らのもつ「自然史的過程」と、教師たちが行なう教育的関与との相互作用だと考えてよいわけです。つまり、私が身動きが取れなくなっているときの過半とは、どうも、この二つの相互作用がうまく働かなくなっているとき、相互作用ではなく、衝突や離反を引き起こしているときらしいのです。

さらに中井氏は「重要なことは、本人と家族と治療者の三者の呼吸が合うかどうかである」と書き、治療的合意の重要性を述べていくのですが、そのとき氏がもっとも戒めていることは、治療者が必要以上に〝大きく〟なることです。

「医師が万能であるとみえればみえるほど、患者は小さく卑小で無能となる」

この一節は、いつ読んでもズシンと響きました。この言葉を言い換えるなら、

「教師が万能であるとみえればみえるほど、子どもは小さく卑小で無能となる」

となります。そして先の引用の後、

（前略）治療は、どんなよい治療でもどこか患者を弱くする。不平等な対人関係はどうしてもそうなるのだ。その不平等性を必要最低限にとどめ、患者が医師に幻想的な万能感を抱かず、さらりと「ノー」といえることが必要である。／両者は患者の後のひろやかさの大幅な増大と

なってみのりうるものだ。このことの重要性は精神医学には限らない。（『同』P64）

私の行き詰まりとは、いわば、彼らの「ノー」に出会っているときです。その「ノー」はどこに向けられているのかと考えてみると、具体的には、目標設定の適否（とくに短期目標）、教材の適不適とか、留意事項の杜撰さ、かかわり方のまずさなどなど、小さな一つひとつの「媒介変数」が知らぬ間に積もり積もったのだろうと思います。その結果、彼らの「ノー」に出会うことになったわけですが、しかしそれを詳細に検討してみるだけでは、どうしても行き詰まりは打開できないのです。

「自然治癒力」と教育的関与の相互関係が崩れた結果、どんな事態になっているかと言えば、おそらくは、いつの間にか私が必要以上に〝大きく〟見せようとしていたのではないか。あるいは逆に、必要以上に〝大きく〟見せようとしていた結果、彼らの「ノー」に出会うことになったのではないか。

このように言うと、ヒューマニズムとか倫理性とか、人格性といった言葉を思い起こされるかもしれませんが、そうではありません。むしろ現実的要請による、現実的着眼によるものです。前にも紹介しましたが、滝川一廣さんはつぎのように書いていました。

「精神療法の成否は、こちらが『なに』をなすかではなく、相手が『なに』をどう体験するかの方にかかっている」

教育の現場でなされる議論は（と一般化することを控え、私自身が現場でしてきた議論は、と言ったほうがよいかもしれませんが）、まず過半が、教師の側から見た「なに」に終始していま す。目標やねらいをどう設定するか、配慮すべきは何か、どんな教材を用意するかなどなど、教師（私）の側から見た「なに」です。

その「なに」が、子どもにとってどのような体験として受けとめられているのか、といった議論はあまりなされなかったのではないか、というのが正直なところです。教師の「善意」とか「熱意」とか、「意欲」といったものが、ときに子どもにとってたいへんな迷惑になりかねない大きな原因も、おそらくはここにある、と自分で自分を戒めてきました。

くり返しますが、私の行き詰まりのもっとも肝心な点も、おそらくはここにあったと思います。こちらが何をなすか、なぜそれがうまくいかないのか、というところにばかり関心が集中してしまい、子どもたちがどんな体験として受けとめているのか、という点への触手が伸びていなかったときです。そのとき、私は気づかないうちに〝大きく〟なっていたのだろうと思います。

もちろん、治療者がイニシアティブをとることの重要性も中井氏は指摘しています。イニシアティブをとりながら、〝大きく〟ならないようにするのは至難の技なのですが、自分が何をすべきかだけではなく、子どもたちがどんな体験として受けとめているのか、そのことを忘れないようにしておく。どうも、そこにカギがあるらしいと感じてきたのです。

現場で働く人にも、いろいろなタイプがあるでしょう。皆さんに対して、こうすべきだ、と述べるつもりは毛頭ありません。少なくとも私自身は、こんなふうにして、中井久夫という稀有な治療者の書くものに触れてきました。

反省すること、後悔することは山のようにあります。どこまでうまく自分の姿勢をつくることができたか、はなはだ心もとなくはあるのですが、中井氏の言葉は、現場の一教師であった私にとって、暗礁に乗り上げそうになったときのとても貴重なものだったことは間違いありません。どんな教師たろうとしてきたか、と問われたら、子どもの前で、まずは必要以上に〝大きく〟ならないこと。子どもを「小さく卑小で無能に」しないこと。どこまでできたかどうかは別として、それがひそかに心がけてきたことだった、ということを最後にお伝えして、終わりにしたいと思います。

九回にわたって私の拙い話にお付き合いくださった皆さん方には、お礼を申し述べます。現場に出られた際には、ぜひとも頑張っていただきたいと心より願っています。

おわりに

この四年の間、二つの事件に関する本をまとめながら、あるジレンマを抱え込んでいました。二著ともに、加害者となった男性は「自閉性のハンディキャップ」が疑われ、また診断され、そのことを主として取り扱った著作でした。

生活歴や事件の背景を追いながら、二つの事件は「わいせつ目的の通り魔的凶行」「動機が不明で無差別の凶行」という外形となってはいるが、しかしそうではないのではないか、彼らには共通する特徴があり、それを正しく理解することがまずは重要であり、そのためにも「自閉性のハンディキャップ」というファクターを外すことはできないのではないか。

それを伝えることが、二著における主意でした。ジレンマはここに生じました。一般の読者に「自閉性の障害」についての理解を訴えるためには、彼らの特徴を列記し、ときには強調して描かなければなりません。先の二著はそのようにして書かれています。

しかし本書でくり返したように、私の基本的出発点は「連続性（つながり）」です。つまり理解してほしいと訴えるほど「自閉性の障害」という特徴が強調されなくてはならず、結果、「連続性」という観点からは離れていく、彼らと私たちの差異だけが際立ってしまう。そういうジレンマです。その意味でも、「自閉症」について、自分なりの見解をまとめたいという気持ちはひとしおでした。（本書で「自閉症」と「　」を付けているのは、これらの事情によります。とりあえず自閉症という言葉でくくられている子どもたちですよ、というニュアンスが込められているゆえの「　」です）。

本書がなぜ「講義」のスタイルとなったかは、「はじめに」で書いている通りです。スタイルが決まり、では順調に書き進めることができたのかと言えば、必ずしもそうではありませんでした。執筆のさなかにあって、こんなことは現場にいる人たちにとっては当たり前のことなのではないか、当たり前のことをムキになって理屈付けをしようとしているだけではないか。そうした不安に何度となく襲われたのです。

パニックやこだわり、パターン化する行動へどう対応するかなど、すでに現場の一人ひとりが、それぞれに工夫し、自身の姿勢や方法をもって、毎日行なっているはずです。授業内容や配慮すべき点についての理解も、十数年前の当時よりもはるかに進んでいるはずです。そんなわけで、書きかけのまま何度か手元から離し、数日をおいて再び開き、そしてまた手を離し、ということをくり返してきました。

一方、書き進めるうちに、少しずつはっきりとしてきたことがありました。私がここでもっともエールを送りたいのは、まずは自閉性のハンディキャップを抱える当事者ご本人たちであり、彼らと日々を過ごす家族であることは言うまでもありません。それとともに、彼らを毎日支える、福祉や介護、教育の現場の人びとであり、これから現場に出ようとしている若い人たちです。

本書で、即効性のある指導技法やマニュアル、問題症状への対処法といったものが書かれているわけではありませんし、それは私の任ではないことは、すでにはっきり記しています。授業の意図を分析し、一人ひとりの仮説や目標などなど、学校用語を駆使して記述していけば、また別の内容になったでしょう（あまり一般的には知られていないでしょうが、相当細かで踏み込んだ「研究」が行なわれています）。当然ながら、ここではそうしたスタイルも採っていません（採ることができません）。

私のエールはもっと別のところに向けられており、その具体的に何であるかは、本文に譲ります。

*

さて、現場の人びとにとってどこまで一助となっているかは読んでくださった方がた一人ひとりの感想を待つほかないのですが、彼らにエールを、などと頼まれもしないことを考えるにいたった理由はもう一つあります。

私はこの三年余、事件関係の取材とともに、高齢者の医療と介護の現場をリポートする仕事を併行して行なってきました。いずれはかたちとなる予定ですが、医療、福祉、介護、教育といった、社会的にも貴重なはずの共有財産が、経費削減という至上命題と政治の迷走により、いま、瀕死の状態になりつつあるという危機感を強くもつに至っています。

教育現場に限って言っても、教職員の疲弊が抜き差しならない事態になっているのは周知の通りです。なぜこんなことになってしまったのでしょうか。私が教職を辞す二、三年ほど前から、「小泉改革」によって、市場原理や競争原理が導入される兆候は現われ始めていました。

退職して二、三年の後、しんどいしんどいとくり返し始めた元の同僚たちに、私の言った通りになってきただろう、先見の明があったから、などと半ば冗談で口にしてきたのですが、いまではシャレにもなりません。疲弊しきっているのが痛いほど分かります。

教育現場はもとより、医療、福祉、介護の現場に「競争」を強い、予算を締め付け、そして疲弊させ、修復とは逆の施策をさらに推し進めようとしている。政治家や官僚たちは、いったいこの国をどうするつもりなのか、という憤りを抑えることができません。

もう一つショッキングだったことは、私の知る多くの親御さんたちが、高齢化という事実に直面していることです。子どもたちも年齢を重ね（ここで紹介した子どもたちの多くは三〇歳前後になっており、卒後がとても気になります）、精神的にも経済的にも、親御さんたちの負担は二重、三重にもなっているはずです。その点がもっとも危惧するところであり、地域福祉を支える人たちの役割はさらに重要になっています。

しかし福祉の担い手の彼らも、経費削減を旨とする制度改悪のなかにあって、両手を縛られたような状態になっています。つい先日も、ある施設長の「若い人たちが生活を維持でき、夢をもって臨めるような職場に少しでもしていきたいが、このままではもうもたない」という悲痛な言葉を聞いたばかりです。

こうしたあれやこれやが積もり積もって、現場の人びとにエールを送らなければ、という独りよがりのような思いとなったしだいです。

＊

本書もまた、多くの方がたの力を借りて、かたちとすることができました。

これまでに出会った子どもたちと親御さんたちに、まずはお礼を申し述べます。滝川一廣さんには、脱稿直後の、迷いのさなかにある原稿を読んでいただきました。ひと言ひと言が大きな励ましとなりました。感謝いたします。そして本書の出発点となる機会を与えてくださった清水眞砂子さん、ありがとうございました。学生たちにもお礼を申します。

また、私の突然の酒の誘いに、いつも快諾？　してくれる元の同僚や先輩の方がたにも、心より感謝申し上げます。何人かの方には、部分的に読んでいただいたり、貴重な情報とヒントをいただきました。お礼申します。

さらには「人間と発達を考える会」のメンバーたち。勉強会やら講演会やら、私の〝思いつき的〟行動にお付き合いいただき、本当にありがたい限りです。教育のみならず、さまざまな領域から集まってくれたメンバーであり、新鮮な驚きを覚えることがしばしばです。感謝します。またここではお名前を出しませんが、本文で引かせていただいた先行者の方がたにもお礼を申し上げます。信頼すべき先行者をもったことは、本書には大きな幸運でした。

そして「本は美しくなければいけない」が口癖の小川哲生さん。細かな編集の労とともに、いつもながら的確な助言をいただきました。私の上製本は三冊目になりますが、今回も間村俊一さんの装丁により、ひときわ「美しい」本にしていただきました。お二人に感謝します。

最後になりますが、脱稿間際になって、共生舎のリーダー岩渕進さんの、突然の訃報に接することになりました。岩渕さんには『自閉症裁判』執筆の際にたいへんお世話になっています。この分野での強力な先輩同志と考えていた私にとっては大きな衝撃であり、しばらく言葉が出ませんでした。また卒業後間もなく、短い生を終えた教え子も本書には登場しています（具体的に、誰とは記していませんが）。

拙い仕事ながら、本書を二人に捧げます。

二〇〇八年四月一七日（誕生日に）

佐藤幹夫

佐藤幹夫（さとう・みきお）
一九五三年秋田県生まれ。國學院大学文学部卒業。批評誌『樹が陣営』主宰。フリージャーナリスト。
主な著書に『自閉症裁判』（洋泉社）、『精神科医を精神分析する』『ハンディキャップ論』（いずれも洋泉社・新書y）、『村上春樹の隣には三島由紀夫がいつもいる。』（PHP新書）、『裁かれた罪 裁けなかった「こころ」――一七歳の自閉症裁判』（岩波書店）、共著に『「こころ」はどこで壊れるか』『「こころ」はだれが壊すのか』『刑法三九条は削除せよ 是か非か』『少年犯罪厳罰化 私はこう考える』（いずれも洋泉社・新書y）などがある。

「自閉症」の子どもたちと考えてきたこと

２００８年７月１７日初版発行
佐藤幹夫 ©２００８――著者
石井慎二――発行者
株式会社 洋泉社――発行所
東京都千代田区神田錦町１-７
１０１-００５４ 郵便番号
００１９０-２-１４２４１０（株）洋泉社 郵便振替
０３-５２５９-０２５１ 電話
フジマックオフィス――本文組版
中央精版印刷株式会社――印刷・製本所
間村俊一――装丁
佐藤和彩――写真
乱丁・落丁本はご面倒ながら小社営業部宛ご送付下さい。
送料小社負担にてお取替致します。
ＩＳＢＮ９７８-４-８６２４８-２８５-３
Printed in Japan
洋泉社ホームページアドレス http://www.yosensha.co.jp

自閉症とは何か

小澤勲

四六判・ハードカバー　定価：5670 円（税込）

学説批判から自閉症児処遇の現場へ。
幻の大著がその全貌を現す！
本書の存在を抜きにして自閉症は語れない。

本書は自閉症概念が生物学的、医学的あるいは心理学的概念であるよりは社会的範疇として把握されるべきであることを強調する。通説としての生物学主義的自閉症論に対して徹底的批判を加える、いわば論争の書である。自閉症を論じながら、実は病気とは何か、障害とは何か、精神医学と責任論の関連について示唆し、さらには、精神医学とは何かという問題についても具体的に考察する途を提起する。待望久しい孤高の大著の復刊！

人生の深淵について

西尾幹二

四六判・ソフトカバー　定価：1575円（税込）

生きることに不安を感じ、迷ったとき
思わず手に取る本がある。
それが西尾人生論だ！

小浜逸郎氏は端的に本書の魅力を次のように指摘している。
《本書は、冷静な人間観察力と鋭い心理洞察力をそなえた
「モラリスト」としての氏の側面が
遺憾なく表現された、自由闊達、潤いと味わいに満ちた
人生論集も一見本となっている》（本書「解説」）と。
待望久しい『完本・人生論ノート』遂に刊行！